Mark E. Dever

Devet značilnosti zdrave cerkve

Devet značilnosti zdrave cerkve

Naslov izvirnika: Nine Marks of a Healthy Church (4th edition)

Copyright © 2001 Mark E. Dever
Copyright © za izdajo v slovenščini 2019: 9Marks
Vse pravice pridržane.

Prevedla: Živa Hren

Uredil: Joe Kelley

Jezikovno pregledala: Kristina Grilc

Oblikovanje naslovnice: Nives Okorn, Studio oko d.o.o.

Fotografiji na ovitku: Freepik

Prelom: Studio oko d.o.o.

Izdal in založil: Joe Kelley, Spodnje Gorje 59, 4247 Zgornje Gorje, Slovenija

Naklada: 1.000 izvodov

Knjiga je brezplačna.

Svetopisemsko besedilo je vzeto iz Slovenskega standardnega prevoda Svetega Pisma (SSP), Copyright © 1996, 2003 Društvo Svetopisemska družba Slovenije

Radovljica, julij 2019

CIP - Kataložni zapis o publikaciji
Narodna in univerzitetna knjižnica, Ljubljana

27-78-63
27-278

DEVER, Mark E.
  Devet značilnosti zdrave cerkve / Mark E. Dever ; [prevedla Živa Hren]. - Radovljica [i. e.] Zgornje Gorje : [samozal.] J. Kelley, 2019

Prevod dela: Nine marks of a healthy church
9Marks ISBN: 978-1-950396-67-2
COBISS.SI-ID 300913920

Devet značilnosti zdrave cerkve

Mark E. Dever

Vsebina

PREDGOVOR

UVOD

1	EKSPOZICIJSKO PRIDIGANJE	13
2	BIBLIČNA TEOLOGIJA	18
3	SVETOPISEMSKO RAZUMEVANJE DOBRE NOVICE	23
4	SVETOPISEMSKO RAZUMEVANJE SPREOBRNITVE	26
5	SVETOPISEMSKO RAZUMEVANJE EVANGELIZACIJE	30
6	SVETOPISEMSKO RAZUMEVANJE CERKVENEGA ČLANSTVA	34
7	SVETOPISEMSKA CERKVENA DISCIPLINA	40
8	SKRB ZA POSPEŠEVANJE KRŠČANSKEGA UČENČEVSTVA IN RASTI	45
9	SVETOPISEMSKO CERKVENO VODSTVO	49

SKLEP … 55

DODATEK
PRIMER ZNAČILNE ZAVEZE ZDRAVE CERKVE … 56

Predgovor

Med študijem sem – v svojo sramoto – razprave o ekleziologiji (tj. doktrini o cerkvi) bolj ali manj prespal. Mislil sem si: »Je vse to sploh pomembno?« Žal nisem bil edini. Vsepovsod v naši kulturi in po svetu smo kristjani nagnjeni k temu, da cerkev na vse načine omalovažujemo.

V svoji neodvisnosti se za cerkev ne menimo. Smo avtonomni, samozadostni ljudje in misel na vzajemno podrejanje, odgovornost in soodvisnost nam je tuja – če ne že zastrašujoča. Včasih se ponašamo z neodvisnostjo od cerkve; nekateri domnevni kristjani pravijo: »Lahko rastem v Kristusu in zanj naredim celo več, če delam samostojno, brez povezave s cerkvijo.«

Poleg tega v svojem pragmatizmu cerkev onesnažujemo. Povsem smo osredotočeni na to, kaj deluje; in če kaj ne deluje v skladu z našimi merili uspešnosti, si mislimo, da potemtakem to pač ni tisto pravo. Pogosto počnemo – sicer z najboljšimi motivi – marsikaj, da bi le v cerkev pritegnili čim več ljudi. V prizadevanju, da bi dosegli svet, skoraj nezavedno komaj zaznavno kompromitiramo Božjo besedo. Ko tako v cerkev pritegujemo ljudi, nazadnje onesnažujemo prav to cerkev, v katero jih pritegujemo.

Celó v svojem krščanskem delovanju cerkev pomanjšujemo. Vsepovsod v naši kulturi je vzniknila množica paracerkvenih organizacij, ki se osredotočajo na različne vidike delovanja; a številne med njimi se ne menijo za lokalno cerkev. Ali pa s svojim delovanjem vlogo cerkve nevarno razvodenijo. Številne misijske organizacije se bahajo, da so v različnih državah ustanovile na tisoče cerkva; a njihovo pojmovanje cerkve je povsem zgrešeno. Z vidika Svetega pisma postavitev cerkvene stavbe ali shod dveh, treh verujočih ni cerkev. Če želimo resnično izvajati veliko Kristusovo naročilo, bi bilo nespametno zmanjševati vlogo *nosilke*, ki ji je Bog obljubil svoj blagoslov pri širjenju evangelija v svetu: lokalne cerkve.

Cerkev omalovažujemo tudi, če svoja izročila povzdigujemo nad Božjo resnico. Velik del našega današnjega pristopa do cerkve temelji na preteklih uveljavljenih pristopih, namesto na večni Božji besedi. Kar je všeč nam, cenimo bolj kot Božje prioritete in tako tudi cerkev gradimo na tem, kar je najbolj pogodu nam, ne pa kar je najzvestejše Kristusu. Navsezadnje že sam pojem cerkve opredeljujemo glede na lastno osebno ugodje in želje. Cerkev je dobra, če se v njej dobro počutimo; zato se selimo od ene do druge cerkve ter iščemo pastorja, prostor in programe, ki najbolje zadovoljujejo naše osebne potrebe.

Zato je za nas nujno, da slišimo, kaj pravi Bog o svoji cerkvi v našem času. Namesto da bi cerkev omalovaževali, moramo znova vzpostaviti odnos spoštljive naklonjenosti do nje. Ne smemo se ozirati na kulturne tokove in cerkvena izročila, ki obvladujejo mišljenje našega časa, temveč moramo vprašati Boga: »Kaj je v *tvoji* cerkvi pomembno *tebi*?«

To vprašanje o cerkvi si moramo zastaviti zato, ker si želimo Božjo slavo v svetu. Jezus v Evangeliju po Janezu 17 pravi, da mora edinost cerkve odražati Boga. Svet bo to opazoval, in ko bo v Božjem ljudstvu videl odsev Božjega veličastva, bo spoznal, da je Jezusa poslal Bog (Jn 17,20–23).

Boga moramo vprašati, kaj mu je v njegovi cerkvi pomembno – in sicer ne le zato, ker želimo Božjo veličastvo, ampak tudi zato, ker častimo njegovega Sina in visoko cenimo njegovega Duha. Jezus je tisti, ki je cerkev ustanovil, in po njem cerkev raste – torej ne sme biti predmet naše manipulacije. Jezus je tisti, ki je cerkev odkupil; v Apostoskih delih 20,28 je zapisano, da si je Jezus cerkev

Devet značilnosti zdrave cerkve

pridobil s svojo krvjo. Cerkev je tudi izbrano bivališče Svetega Duha (1 Kor 3,16–17; Ef 2,19–22).

Boga moramo vprašati, kaj v svoji cerkvi ceni, saj ljubimo njegov evangelij v svojem življenju in želimo uresničevati njegovo poslanstvo v svetu. Cerkev je sredstvo, ki ga je Bog vzpostavil za obrambo, prikaz in izjavo evangelija. Bog je zasnoval to posebno skupnost, imenovano cerkev, da bi svoje ljudstvo tešil in da bi izpolnjeval njegove potrebe, ko to ljudstvo širi Božjo milost med vse narode.

Torej smo še kako potrebni tega, da slišimo besedo Boga o njegovi volji za njegovo cerkev; to si želimo in po tem hrepenimo. Zato sem Bogu hvaležen za to knjigo. Kot pastor sem včasih izgubljen v morju načel in priporočil za zdravje in rast cerkve; a ta knjiga je na moje razumevanje cerkve vplivala in ga zaznamovala bolj kot katera koli druga knjiga s podobno tematiko. Tak učinek je mogoč le zato, ker je knjiga utemeljena v Božji besedi. Devet značilnosti cerkve, ki so opisane tu, vi sami mogoče ne bi pri priči prepoznali kot ključne značilnosti cerkve. Nekatere bi se vam morda zdele vprašljive, druge sporne. Toda vedite, da so te značilnosti svetopisemske – in zato tako dragocene.

Mark Dever te knjige ni napisal v želji, da bi sledil priljubljenim trendom našega časa. Napisal jo je v prizadevanju, da bi bil zvest božanski resnici, ki je nad časom. Izjemno me veseli, da je pred nami še ena izdaja, saj to pričuje o brezčasnosti besede, ki se v tej knjigi odraža. Pričuje pa tudi o pastorju in ljudeh baptistične Cerkve Capitol Hill v Washingtonu. Oni sami bi priznali, da niso popolna cerkev. A po neštetih urah, ki sem jih prebil pred množico in v ozadju s tem pastorjem ter ob čaščenju, molitvi in služenju skupaj s temi ljudmi, vam lahko odločno priporočim ne le to knjigo, temveč tudi tega pastorja in te ljudi. Preprosto rečeno: skupaj so jasna, usmiljena, ganljiva, mogočna, lepa, predvsem pa svetopisemska podoba Kristusove neveste.

Devet značilnosti zdrave cerkve

Po drugi strani pa upam in molim, da bo teh devet značilnosti vse bolj prisotnih v cerkvi, katere pastor sem sam, v drugih cerkvah pri nas in v cerkvah po vsem svetu. Prenehajmo omalovaževati cerkev in jo začnimo spoštovati tako, da se bo v tem odražala Božja milost do nas in bo odzvanjala Božja slava. »Njemu pa, ki more po môči, katera deluje v nas, v vsem napraviti neznansko več od tega, kar prosimo ali mislimo, njemu slava v Cerkvi in v Kristusu Jezusu skozi vse rodove, na veke vekov. Amen.« (Ef 3,20–21)

David Platt

Uvod

Bog nas v svoji ljubezni in dobroti ni poklical, da bi bili kristjani vsak zase. Čeprav grešimo kot posamezniki in smo poklicani iz sveta kot posamezniki, pa smo poklicani tudi, da se združimo v lokalno skupnost. V Novi zavezi je takšna skupnost imenovana cerkev.

Danes številne knjige na tržišču in govorniki na svojih turnejah zatrjujejo, da je skoraj vsaka možna značilnost, slog čaščenja, računalniški program, knjiga, sistem ozvočenja, seminar, dejavnost, izobraževanje, program, skupina, filozofija, metodologija, doktrina, krepost, duhovno doživetje, zasnova parkirišča ali struktura upravljanja ključ do uspešne cerkve. Kdo ima prav? Kako lahko presodite, ali je cerkev zdrava? Kako lahko presodite, ali je vaša cerkev zdrava? Kako lahko spodbujate trajnostno rast, ki bo utemeljena v Svetem pismu in v slavo Bogu?

Ta knjižica je orodje za spreminjanje cerkva. V njej opisujem devet značilnosti, po katerih bi se morala odlikovati zdrava cerkev. To pa niso edine lastnosti zdrave cerkve. To tudi ni vse, kar bi človek želel povedati o cerkvi. Mogoče niti ni nujno, da so to najpomembnejše stvari v zvezi s cerkvijo. Krst in Gospodova večerja sta na primer bistvena vidika svetopisemske cerkve, a v knjižici o tem dvojem ne bom neposredno razpravljal. In sicer zato, ker praktično vse cerkve to izvajajo ali vsaj nameravajo izvajati. Devet lastnosti, o katerih tu govorim, so značilnosti, ki lahko cerkev oddvojujejo od drugih – značilnosti, po katerih se lahko zdrava, svetopisemska cerkev loči od številnih bolehnejših sester. Devet značilnosti, o katerih govorim tu, danes srečamo vse preredko, zato moramo nanje posebej opozoriti in jih v cerkvah gojiti.

Seveda velja, da ni popolnih kristjanov in tako tudi ni popolnih cerkva. Celo najboljše cerkve ne dosegajo ideala. Niti pravilno upravljanje, niti pogumno pridiganje, niti požrtvoval-

Devet značilnosti zdrave cerkve

no darovanje, niti doktrinarna pravovernost ne more zagotoviti, da bo cerkev uspevala. Pa vendar vsaka cerkev lahko postane bolj zdrava, kot je. V lastnem življenju nikoli ne doživimo popolne zmage nad grehom – a kot resnični Božji otroci se zato še ne bomo kar nehali truditi. Tako tudi cerkve ne smejo opustiti truda. Kristjani, predvsem pastorji in cerkveni voditelji, si želijo zdravih cerkva in za to trdo delajo. Cilj te knjižice je, da bi spodbudili prav tovrstno zdravje. Zato pišem to knjižico in zato jo vi berete – da bi bil Bog poveličan v svojem ljudstvu.

Zasvojenost Američanov in Evropejcev s pragmatizmom, predvsem z očitnim uspehom, se mora umakniti ponižnemu, zaupljivemu zanašanju na zvestobo Bogu, zlasti pri poslušnosti njegovim zapovedim ne glede na hitrost odziva. Imeti moramo kategorije, da prepoznavamo in spodbujamo trdo delo ne le ustanoviteljev cerkva na področjih demografske rasti ali sredi prebujenja, temveč tudi zvestih pastorjev v tistih mestih in na podeželju, kjer je število prebivalstva ustaljeno ali v upadu. Znati moramo pospeševati Božje delo, kakršno je bilo med Slovenci vidno na primer v prizadevanjih Primoža Trubarja in drugih reformatorjev – torej ne le na evangelizacijskih turnejah ali misijonih, kjer se takoj odzove množica ljudi.

Opozorilo: pri tem ponovnem presojanju ciljev in praks naših cerkva se ne smemo zanašati, da bodo nosilke spremembe in svetopisemske reforme teološke fakultete. Fakultete (bodisi denominacijske ali druge) so ustanove, ki jih nadzirajo kuratorji njihovih podpornikov; zato morajo biti zveste njim ali pa propadejo. Tako tudi mora biti. Zato si moramo pri delovanju za spreminjanje cerkva prizadevati za dolgotrajnejšo, počasnejšo, globljo spremembo.

Ponavljam: celo najboljše cerkve ne morejo doseči ideala, pa se zaradi tega še ne nehamo truditi. Združeni smo v želji po bolj zdravih cerkvah, v katerih bo Bog poveličan v svojem ljudstvu. Želim, da bi knjižico uporabljali v ta namen.

1
EKSPOZICIJSKO PRIDIGANJE

I. Definicija ekspozicijskega pridiganja

II. Ekspozicijsko pridiganje ni predvsem slog

III. Podrejanje Božji besedi, ne znanju pridigarja

IV. Bog je svoje ljudstvo od nekdaj oblikoval po svoji Besedi

V. Osrednja vloga pridigane Božje besede

Začeti je treba tam, kjer je Bog začel z nami: pri tem, da nam je spregovoril. Tako je prišlo do našega duhovnega zdravja in tako bo prišlo tudi do duhovnega zdravja naših cerkva. Posebno pomembna za vsakega cerkvenega vodstvenega delavca, predvsem za pastorja, je zavezanost ekspozicijskemu pridiganju, eni najstarejših metod pridiganja. To je pridiganje, pri katerem razlagamo vsebino določenega odlomka Svetega pisma: pozorno pojasnjujemo njegov pomen in ga prenesemo na skupnost (gl. Neh 8,8). Seveda poznamo tudi številne druge vrste pridiganja. V tematskih pridigah na primer zberemo vse svetopisemske nauke na eno samo temo (molitev, dajanje ali podobno). Pri biografskem pridiganju se osredotočimo na življenje katere od svetopisemskih oseb in ga predstavimo kot prikaz Božje milosti ter kot primer upanja in zvestobe. Ekspozicijsko pridiganje pa je nekaj drugega: to je razlaga in aplikacija določenega odlomka Božje besede.

Definicija ekspozicijskega pridiganja

Devet značilnosti zdrave cerkve

> Ekspozicijsko pridiganje ni predvsem slog

Naša predpostavka pri ekspozicijskem pridiganju je vera v avtoriteto Svetega pisma; vendar je tovrstno pridiganje več kot samo to. Zavezanost ekspozicijskemu pridiganju je zavezanost slišanju Božje besede. Starozavezni preroki in novozavezni apostoli niso prejeli naročila, da naj gredo in govorijo, temveč so prejeli povsem konkretno sporočilo; podobno imajo sodobni pridigarji danes pooblastilo, da govorijo v Božjem imenu le, če govorijo njegove besede. Avtoriteta ekspozicijskega pridigarja se torej začne in konča s Svetim pismom. Zgodi se, da kdo pomeša pojem »ekspozicijsko pridiganje« s slogom priljubljenega ekspozicijskega pridigarja; a bistvo ni v slogu. Kot so ugotovili že drugi avtorji, pri ekspozicijskem pridiganju ni najpomembnejše, kako povemo, kar povemo, temveč kako se odločimo, kaj povedati. Za tovrstno pridiganje ni značilna nobena posebna oblika, temveč ga opredeljuje svetopisemska vsebina.

> Podrejanje Božji besedi, ne znanju pridigarja

Človek lahko voljno sprejema avtoriteto Božje besede in celo izpoveduje vero v nezmotljivost Svetega pisma; a če ta človek v praksi (bodisi namerno ali nenamerno) ne pridiga ekspozicijsko, ne bo nikoli pridigal kaj več od tega, kar že ve. Pridigar lahko izbere svetopisemski odlomek in skupnost opozarja na kakšno temo, ki je sicer pomembna, ne da bi v pridigi res predstavil sporočilo tega odlomka. V tem primeru pridigar in skupnost iz Svetega pisma izvesta le, kar sta vedela že prej.

V nasprotju s tem pri ekspozicijskem pridiganju svetopisemskega odlomka v kontekstu – pri čemer bistvo odlomka razumemo kot bistvo pridige – od Boga slišimo tudi stvari, ki jih nismo tako ali tako že ves čas nameravali slišati. Od prvega poziva k spreobrnjenju do področja našega življenja, v zvezi s katerim nam je Duh nedavno pokazal, da grešimo, vse naše odrešenje sestoji iz tega, da od Boga slišimo stvari, ki jih nikakor ne bi izvedeli, če nam ne bi o njih on spregovoril v Besedi. To zelo praktično podrejanje Božji

Devet značilnosti zdrave cerkve

besedi mora biti v pridigarjevem delovanju jasno vidno. A da ne bo pomote: zagotavljanje, da bo tako, je v končni fazi odgovornost skupnosti. (Bodite pozorni na odgovornost skupnosti, ki jo predpostavlja Jezus v Evangeliju po Mateju 18 ali Pavel v Drugem pismu Timoteju 4). Cerkev nikoli ne sme duhovnega nadzora črede poveriti človeku, ki v praksi ne odraža zavezanosti, da bi slišal in poučeval Božjo besedo. Če bi ravnala tako, bi s tem neogibno ovirala lastno rast oziroma bi rast spodbujala samo do ravni, na kateri je pastor. V takšnem primeru se cerkev postopoma prilagodi pastorjevemu razmišljanju namesto Božjemu.

Od nekdaj je bila Božja beseda tista, ki je oblikovala ljudstvo. Od stvarjenja v prvi Mojzesovi knjigi 1 do poziva Abrahamu v prvi Mojzesovi knjigi 12; od videnja doline suhih kosti v Ezekielu 37 do prihoda žive Besede – Bog je svoje ljudstvo od nekdaj oblikoval po svoji besedi. Kot je Pavel napisal Rimljanom: »Potemtakem je vera iz oznanjevanja, oznanjevanje pa je po Kristusovi besedi.« (Rim 10,17) Ali kot je pisal Korinčanom: »Ker pač svet prek modrosti ni spoznal Boga v njegovi modrosti, je Bog po norosti oznanila sklenil rešiti tiste, ki verujejo.« (1 Kor 1,21)

Bog je svoje ljudstvo od nekdaj oblikoval po svoji Besedi

Tehtno, zanesljivo ekspozicijsko pridiganje je pogosto vir rasti v cerkvi. Po Lutrovih izkušnjah je bilo takšno skrbno posvečanje pozornosti Božji besedi začetek reformacije. Tudi mi moramo biti zavezani temu, da postanemo cerkev, ki se nenehno reformira v skladu z Božjo besedo.

Ko sem imel pred leti v neki cerkvi v Londonu enodneven seminar o puritanizmu, sem poslušalcem omenil, da so puritanske pridige včasih trajale tudi po dve uri. Eden izmed navzočih se je temu nadvse začudil in vprašal: »Koliko časa jim je pa potem sploh preostalo za čaščenje?« Domneval je pač, da poslušanje pridiganja Božje besede ni del čaščenja. Odgovoril sem, da so imeli številni angleški protestanti poslušanje Božje besede v svojem maternem jeziku in odzivanje na Besedo v lastnem življenju za ključno sestavino čaščenja. Ali jim preostane dovolj časa za skupno prepevanje, jim ni bilo tako pomembno.

Osrednja vloga pridigane Božje besede

Naše cerkve morajo znova vzpostaviti osrednjo vlogo Besede pri čaščenju. Poslušanje Božje besede in odzivanje nanjo lahko vključuje slavljenje in zahvaljevanje, priznavanje grehov in oznanjevanje; vse to je lahko izraženo v obliki pesmi – nikakor pa to ni nujno. Cerkev, zgrajena na glasbi – katerega koli sloga – je cerkev, zgrajena na majavih temeljih. Pridiganje je temeljna sestavina pastorskega dela. Molite za svojega pastorja, da se bo zavezal temeljitemu, pozornemu in resnemu proučevanju Svetega pisma ter da ga bo Bog vodil pri razumevanju Besede ter pri prenašanju njenih resnic na lastno življenje in cerkev (gl. Lk 24,27; Apd 6,4; Ef 6,19–20). Če ste sami pastor, vse to molite zase. Molite tudi za druge, ki pridigajo in poučujejo Božjo besedo. Nazadnje pa molite tudi, da bi bile naše cerkve zavezane poslušanju Božje besede v ekspozicijskih pridigah, tako da bi se program vsake cerkve vse močneje oblikoval pod vplivom Božjega programa v Svetem pismu. Zavezanost ekspozicijskemu pridiganju je ena od značilnosti zdrave cerkve.

Vprašanja za razmislek

1. Preberite Nehemija 8,7–12. Kaj, pravi Sveto pismo, so leviti delali za ljudstvo, s tem ko so ljudem prebirali postavo? V 12. vrstici piše, da so šli ljudje po takem zboru veselo praznovat. Kaj pravi odlomek o tem, zakaj so praznovali?

2. Avtor ekspozicijsko pridiganje opredeli kot »razlago in aplikacijo določenega odlomka Božje besede«. Povzemite to definicijo s svojimi besedami. Po čem se ekspozicijsko pridiganje razlikuje od drugih vrst pridiganja, kot sta na primer tematsko in biografsko?

Devet značilnosti zdrave cerkve

3. V Apostolskih delih 20,20.27 Pavel Efežanom piše, da je trdo delal, da bi jim oznanil »vso Božjo voljo«. Zavedamo se, da je naloga nas kot cerkvenih voditeljev prav tako delati za svoje ljudi. Kako nam je lahko ekspozicijsko pridiganje v pomoč pri trdem delu predstavljanja Božje volje svojim ljudem? Zakaj je nevarno ne upoštevati načela, da mora biti bistvo odlomka tudi bistvo pridige?

4. Od stvarjenja v prvi Mojzesovi knjigi 1 do Nove zaveze – Bog je svoje ljudstvo od nekdaj oblikoval po svoji besedi. Preberite Pismo Rimljanom 10,17 in Prvo pismo Korinčanom 1,21. Kaj Bog uporablja, da bi svoje ljudstvo pripeljal do odrešujoče vere? Kaj nam to pove o spoštovanju, kakršnega bi morali v svojih cerkvah gojiti v odnosu do Božje besede? Kako bi se moralo to spoštovanje praktično odražati v našem pridiganju?

2
Biblična teologija

I. »Zdrava doktrina«

II. Enotnost, raznovrstnost in usmiljena dobrotljivost

III. Spoprijemanje s kompleksnimi ali spornimi doktrinami

IV. Upiranje Božji suverenosti

V. Voditelji morajo sprejeti Božjo suverenost

Ekspozicijsko pridiganje je pomembno za zdravje cerkve. Vendar je vsako metodo, naj bo še tako dobra, mogoče zlorabiti; zato mora biti metoda odprta za preverjanje. V cerkvah moramo skrbeti ne le za to, kako se poučuje, temveč tudi, kaj se poučuje. Gojiti moramo tovrstno »zdravost«, predvsem pri razumevanju Boga Svetega pisma in načrtov, ki jih ima za nas.

»Zdrava doktrina«

V Pavlovih pastoralnih pismih Timoteju in Titu »zdrav« pomeni zanesljiv, točen ali zvest. V Prvem pismu Timoteju 1 beremo, da je zdrav nauk tisti, ki se oblikuje pod vplivom evangelija ter je v nasprotju z brezbožnostjo in grehom. V vrstici 6,3 pa je Pavel še jasnejši: »drugačnemu nauku« nasproti postavi »zdrave besede [...] našega Gospoda Jezusa Kristusa« in »res pobožen nauk«. V svojem drugem pismu Timoteju Pavel Timoteja opominja tako: »Za vodilo imej besede zdravega nauka, ki si ga slišal od mene.« (2 Tim 1,13) Pavel Timoteja tudi svari: »Prišel bo namreč čas, ko nekateri ne bodo prenesli zdravega nauka, ampak si bodo po svojih

Devet značilnosti zdrave cerkve

željah poiskali veliko učiteljev, ker hočejo ustreči svojim ušesom.« (2 Tim 4,3)

Podobne skrbi je Pavel izrazil tudi v pismu nekemu drugemu mlademu pastorju, Titu. Pavel pravi, da se mora vsak, ki ga bo Tit imenoval za starešina, trdno »držati zanesljive besede, ki je v skladu z naukom. Tako bo zmožen z zdravim poukom spodbujati, nasprotnike pa izpodbijati.« (Tit 1,9) Pavel Tita spodbuja, naj lažne učitelje ostro pokara, da »bodo ozdraveli v veri« (Tit 1,13). Naroča mu še: »Ti pa govôri, kar je primerno zdravemu nauku.« (Tit 2,1)

Če bi želeli predstaviti vse, kar tvori zdrav nauk, bi morali navesti kar celo Sveto pismo. V praksi pa vsaka cerkev odloča, o čem mora vladati popolno soglasje, o čem lahko velja omejeno soglasje in o čem sploh ni treba soglašati.

<small>Enotnost, raznovrstnost in usmiljena dobrotljivost</small>

V cerkvi v Washingtonu, v kateri delujem, zahtevamo, da mora vsakdo, ki želi postati naš član, verovati v odrešenje samo po delu Jezusa Kristusa. Izpovedujemo tudi enako (ali zelo podobno) pojmovanje o krstu verujočih in o upravljanju cerkve. Enotnost pri pojmovanju tega dvojega ni bistvena za odrešenje; vendar je soglasje o tem koristno v praksi in tudi zdravo za življenje cerkve.

Dopustiti smemo nekaj nesoglasja o vprašanjih, ki niso nujno povezana ne z odrešenjem ne s praktičnim življenjem cerkve. Tako na primer vsi soglašamo, da se bo Kristus vrnil; ne preseneča pa nas, če se med seboj ne strinjamo o času njegove vrnitve. Povsem svobodni smo, kar zadeva strinjanje o še manj pomembnih ali jasnih zadevah, kot sta na primer pravica do oboroženega odpora ali avtorstvo Pisma Hebrejcem.

Pri vsem tem mora biti načelo jasno: bliže k jedru svoje vere ko se pomikamo, bolj pričakujemo, da se bo naša enotnost odražala v enakem razumevanju te vere. Prva cerkev je to izrazila takole: v bistvenem enotnost, v manj bistvenem raznovrstnost, v vsem usmiljena dobrotljivost.

Devet značilnosti zdrave cerkve

Spoprijemanje s kompleksnimi ali spornimi doktrinami

Zdrav nauk vključuje jasno zavezanost doktrinam, ki so pogosto spregledane, a so nedvomno svetopisemske. Če naj bi se učili zdravega nauka Svetega pisma, se moramo sprijazniti z doktrinami, ki so morda zahtevne ali celo potencialno vodijo v strankarstvo, imajo pa ključno vlogo pri razumevanju Božjega dela med nami. Tako se na primer ljudje pogosto izogibajo svetopisemski doktrini o izvolitvi, češ da je prezapletena ali da jih bega. A tudi če to drži, ni dvoma, da je to svetopisemska doktrina in da je pomembna doktrina. Čeprav vseh njenih implikacij morda ne razumemo povsem, ni nepomembno, da naše odrešenje v zadnji instanci izhaja iz Boga, ne iz nas samih. Verujoči pogosto spregledamo tudi druga pomembna vprašanja, na katera odgovarja Sveto pismo:

- Ali so ljudje v svojem bistvu slabi ali dobri? Ali potrebujejo le spodbudo in krepitev samozavesti – ali pa odpuščanje in novo življenje?
- Kaj je Kristus naredil s smrtjo na križu? Je omogočil izbiro ali je bil naše nadomestilo?
- Kaj se zgodi, ko kdo postane kristjan?
- Če smo kristjani, ali smo lahko prepričani, da bo Bog vedno skrbel za nas? Če da, ali ta njegova nenehna skrb temelji na naši zvestobi ali na njegovi?

Vsa ta vprašanja niso namenjena le učenjakarskim teologom ali mladim študentom na teoloških fakultetah. Pomembna so za vse kristjane. Tisti med nami, ki smo pastorji, vemo, kako drugače bi skrbeli za svojo čredo, če bi se odgovor na katero koli od zgornjih vprašanj spremenil. Zvestoba Svetemu pismu zahteva, da o teh vprašanjih govorimo jasno in avtoritativno.

Upiranje Božji suverenosti

Naše razumevanje, kaj Sveto pismo uči o Bogu, je ključno. Svetopisemski Bog je Stvarnik in Gospod: pa vendar mu

Devet značilnosti zdrave cerkve

suverenost včasih odrekamo – celo v cerkvi. Pri deklariranih kristjanih upiranje dejstvu o Božji suverenosti v stvarstvu ali pri odrešenju pomeni igračkanje s pobožnjakarskim poganstvom. Številni kristjani lahko zastavljajo iskrena vprašanja o Božji suverenosti; vztrajno, trdovratno zanikanje Božje suverenosti pa bi nam moralo vzbujati skrb. Če krstimo takšnega človeka, verjetno krstimo srce, ki v nekaterih vidikih še vedno ne veruje. Sprejem te osebe med člane bi pomenil, da osebo obravnavamo, kot da zaupa Bogu, čeprav mu v resnici ne.

Takšno upiranje je nevarno pri katerem koli kristjanu; koliko huje je torej, če se tako upira voditelj skupnosti. Če za voditelja imenujemo človeka, ki dvomi v Božjo suverenost ali ki v veliki meri napačno razume svetopisemski nauk o teh stvareh, to pomeni, da za zgled postavljamo človeka, ki globoko v sebi ni pripravljen zaupati Bogu. Takšno imenovanje bo za cerkev zagotovo ovira.

> Voditelji morajo sprejeti Božjo suverenost

Naša kultura nas danes vse prepogosto spodbuja, da bi evangelizacijo izvajali podobno kot trženje; in tudi delo Duha razlaga v smislu trženja. Samega Boga včasih kar preuredi in mu da človeško podobo. V takšnih časih mora zdrava cerkev še posebej paziti, da moli za voditelje, ki svetopisemsko in izkustveno dojemajo Božjo suverenost in so zavezani zdravi doktrini v vsem njenem svetopisemskem sijaju. Za zdravo cerkev sta značilna ekspozicijsko pridiganje in biblična teologija.

Vprašanja za razmislek

1. Preberite Prvo pismo Timoteju 6,3–5. Kako Pavel opiše človeka, ki uči »drugačen nauk«? Zakaj se je po vašem mnenju Pavlu zdelo tako pomembno, da Timotej svojim ljudem zagotovi »zdrave besede« in »pobožen nauk«?

Devet značilnosti zdrave cerkve

2. Pisec omeni več doktrin, v katere človek mora verovati, da bi smel postati član cerkve, ki ji pisec služi kot pastor. Našteje tudi več vsebin, v zvezi s katerimi imajo člani precejšnjo svobodo prepričanja. Kaj mora človek verovati, da bi lahko postal član vaše cerkve? Kako se vaša cerkev na podlagi teh prepričanj razlikuje od drugih cerkva na območju? Pri katerih vsebinah vaša cerkev dovoljuje določeno mero svobode?

3. Nekatere doktrine, ki jih nedvomno najdemo v Svetem pismu, so pogosto prezrte ali zapostavljene, ker so se izkazale kot zahtevne, sporne ali take, da potencialno vodijo v strankarstvo. Je potencialna spornost dober razlog, da se izogibamo pogovoru in pouku o teh doktrinah v naših cerkvah? Zakaj da ali zakaj ne?

4. Pisec na str. 16 navede štiri vprašanja, ki pogosto niso deležna zaslužene pozornosti. Kako po vašem mnenju Sveto pismo odgovarja na ta vprašanja? Odgovore utemeljite s svetopisemskimi navedki.

5. Pavel v Pismu Titu 1,9 piše, da se mora voditelj skupnosti trdno »držati zanesljive besede, ki je v skladu z naukom«. Ali je po vašem mnenju pomembno, da pastor ali starešina razume in sprejema Božjo suverenost pri odrešenju? Zakaj je nevarno, če cerkveni voditelj dvomi o Božji suverenosti na tem področju ali če napačno razume svetopisemski nauk o tem?

3

SVETOPISEMSKO RAZUMEVANJE DOBRE NOVICE

I. Evangelij je srce krščanstva

II. Bog, človek, Kristus, odziv

III. Evangelij je radikalna ponudba odrešenja

Da imamo biblično teologijo, je zlasti pomembno na nekem prav posebnem področju cerkvenega življenja: pri našem pojmovanju dobre novice o Jezusu Kristusu, evangelija. Evangelij je srce krščanstva – in zato mora biti tudi srce naše vere. Vsi mi bi morali kot kristjani moliti, da bi nam bila čudovita dobra novica o odrešenju po Kristusu pomembnejša od vsega drugega v cerkvenem življenju. Zdrava cerkev je polna ljudi, ki ljubijo evangelij – kar pomeni, da ljubijo resnico Svetega pisma: Božje razkritje samega sebe, naše potrebe, Kristusovega dela za nas in naše odgovornosti.

Evangelij je srce krščanstva

Ko komu predstavljam evangelij, se poskušam spomniti štirih vidikov: Bog, človek, Kristus, odziv. Sem temu človeku povedal resnico o našem svetem Bogu in suverenem Stvarniku? Sem jasno pokazal, da smo ljudje čudna mešanica: bitja, ustvarjena po Božji podobi, a hkrati padla, grešna in ločena od Boga? Ali človek, s katerim govorim, razume, kdo je Kristus: Bog-človek, edini posrednik med Bogom in človekom, naše nadomestilo in vstali Gospod? In nazadnje, tudi če sem tej osebi vse to povedal, ali razume, da se mora na evangelij tudi odzvati: da mora temu sporočilu verjeti in se torej odvrniti od svojega življenja samozaverovanosti in greha?

Bog, človek, Kristus, odziv

Devet značilnosti zdrave cerkve

> Evangelij je radikalna ponudba odrešenja

Če evangelij predstavljamo kot nekakšen dodatek, ki si ga nekristjani naravno želijo (veselje, mir, srečo, izpolnitev, samospoštovanje, ljubezen), je to deloma res – a samo deloma. Kot pravi J. I. Packer: »Polresnica, skrita pod masko vse resnice, postane popolna neresnica.« Vsakdo v svojem bistvu potrebuje odpuščanje. Potrebujemo duhovno življenje. Če evangelij predstavljamo manj radikalno od tega, spodbujamo lažne spreobrnitve in nesmiselno članstvo v cerkvi – oboje pa nam še dodatno otežuje evangeliziranje sveta okoli nas.

Naši člani po domovih, pisarnah in soseskah srečajo mnogo več nekristjanov kot ob nedeljah kristjanov ter z nekristjani preživijo mnogo več časa, kot ga bodo kdaj koli preživeli s kristjani. Vsak od nas je deležen osupljive novice o odrešenju v Kristusu. Nikar je ne zamenjajmo s čim drugim. In takoj danes o njej povejmo drugim! Veliki krščanski voditelj in baptistični pastor George W. Truett (1867–1944) je rekel:

> Najhujše, česar lahko obtožimo kako cerkev [...] je pomanjkanje ljubezni in sočutja do človeških duš. Cerkev ni nič boljša od kakšnega etičnega društva, če ne prekipeva od usmiljenja do izgubljenih duš in si ne prizadeva, da bi izgubljene duše privedla do spoznanja Jezusa Kristusa.

Zdrava cerkev pozna evangelij in ga tudi oznanja.

Vprašanja za razmislek

1. Pisec je prepričan, da bi morala biti vsem nam kot kristjanom čudovita dobra novica o odrešenju po Kristusu pomembnejša od vsega drugega v cerkvenem življenju. Ali

Devet značilnosti zdrave cerkve

se strinjate? Preberite Prvo pismo Korinčanom 2,2. Zakaj je sporočilo Jezusa Kristusa tako pomembno?

2. Kaj moramo razumeti v zvezi z Bogom, če želimo, da bi bilo naše razumevanje evangelija svetopisemsko? Kaj moramo razumeti v zvezi s človekom in njegovim stanjem pod oblastjo greha? Kaj moramo razumeti v zvezi s Kristusom? Kaj pravi Jezus v Evangeliju po Marku 1,15 o tem, kako se mora človek odzvati na dobro novico? Kaj vključujeta glavna vidika tega odziva?

3. Pisec pravi: »Če evangelij predstavljamo manj radikalno od tega, spodbujamo lažne spreobrnitve in nesmiselno članstvo v cerkvi.« Kaj je to »radikalno« sporočilo evangelija? V čem je to drugače, kot če bi – kar se včasih dogaja – evangelij predstavljali kot sredstvo, ki nekristjanom pripomore do večje sreče in boljše samopodobe?

4. V kolikšni meri vaša cerkev dosega merilo, ki ga je postavil George W. Truett (gl. str. 20)? Kako gorečna je vaša cerkev pri širjenju dobre novice o odrešenju po Kristusu med izgubljenimi ljudmi?

4
Svetopisemsko razumevanje spreobrnitve

I. Spreobrnjenje (skesanje) in vera

II. Spreobrnitev je Božje delo v nas

III. »Ti nisi eden od Gospodovih!«

IV. »Nasprotno pričevanje« Cerkve

V. Spreobrnitev, o kateri pričajo sadovi

Spreobrnjenje (skesanje) in vera

Na ustanovnem srečanju naše cerkve davnega leta 1878 so navzoči sprejeli izjavo vere. To je bila teološko odločneje in jasneje začrtana različica veroizpovedi, sprejete na baptističnem zborovanju leta 1833 v New Hampshiru v ZDA. Ta veroizpoved je postala podlaga za dokument *Baptistična vera in sporočilo*, ki ga je leta 1925 sprejela Južna baptistična konvencija; dokument je bil znova spremenjen v teološko manj odločno začrtani različici leta 1963. 8. člen naše izjave vere se glasi:

> Verujemo, da sta spreobrnjenje in vera sveti dolžnosti in tudi neločljivi milosti, ki nam ju je v dušo vdelal prenavljajoči Božji Duh; pri čemer se, globoko prepričani o svoji krivdi, ogroženosti in nebogljenosti ter o načrtu odrešenja po Kristusu, obračamo k Bogu z iskreno skesanostjo, priznanjem grehov in rotenjem za usmiljenje; hkrati pa radostno spreje-

Devet značilnosti zdrave cerkve

mamo Gospoda Jezusa Kristusa za svojega preroka, duhovnika in kralja ter se zanašamo samo nanj kot na edinega in vsezadostnega Odrešenika.

Bodite pozorni na to, kaj ta izjava pravi o naši spreobrnitvi. Spreobrnemo se, ker smo »globoko prepričani o svoji krivdi, ogroženosti in neboglienosti ter o načrtu odrešenja po Kristusu«. In kako se zgodi ta spreobrnitev, ki je sestavljena iz skesanja in vere? Tako, da nam jo »v dušo vdela prenavljajoči Božji Duh«. V izjavi sta nato za podkrepitev navedeni dve vrstici iz Svetega pisma: Apostolska dela 11,18 »Ko so to slišali, so se pomirili in slavili Boga z besedami: ›Torej je Bog tudi poganom podelil spreobrnjenje, ki vodi v življenje!‹« – ter Pismo Efežanom 2,8 – »Z milostjo ste namreč odrešeni po veri, in to ni iz vas, ampak je Božji dar.«

> Spreobrnitev je Božje delo v nas

Če spreobrnitev pretežno pojmujemo kot nekaj, kar storimo sami, in ne kot Božje delo v nas, spreobrnitev razumemo napačno. Drži, da spreobrnitev vključuje naše sodelovanje: našo iskreno zavezanost, zavestno odločitev. A ne glede na to je spreobrnitev mnogo več od tega. Sveto pismo jasno uči, da nismo vsi na poti k Bogu; nekateri so to pot že našli, drugi jo še vedno iščejo. O nas nesporno pravi, da je naše srce potrebno spremenitve, um je potreben preobrazbe, duh je potreben življenja. Nič od tega ne moremo opraviti mi sami. Lahko se k temu zavežemo – odrešiti pa nas mora nekdo drug. Sprememba, ki jo potrebujemo vsi – ne glede na to, kako smo videti navzven – je tako radikalna, tako temeljna, da jo lahko izvede samo Bog. Potrebujemo Boga, da nas spreobrne.

To me spominja na zgodbo, ki jo je pravil znameniti baptistični pridigar Charles Spurgeon (1834–1892). Ko se je nekoč sprehajal po Londonu, je k njemu pristopil pijanec, se naslonil na ulično svetilko in rekel: »Hej, gospod Spurgeon, jaz sem eden od vaših spreobrnjencev!« Spurgeon

> »Ti nisi eden od Gospodovih!«

Devet značilnosti zdrave cerkve

je na to odvrnil: »Pa si res eden od mojih – nikakor namreč nisi eden od Gospodovih!«

»Nasprotno pričevanje« Cerkve

Ena od posledic napačnega razumevanja svetopisemskega nauka o spreobrnitvi je morda ta, da so evangelijske cerkve polne ljudi, ki so se na neki točki svojega življenja iskreno zavezali »krščanstvu«, ki pa očitno niso doživeli korenite spremembe, ki jo Sveto pismo imenuje spreobrnitev. Kot je pokazala nedavna raziskava, ki jo je izvedla Južna baptistična konvencija, je pri južnih baptistih (in to je tudi moja denominacija) delež razvez celo višji od ameriškega povprečja. Razlog za takšno »nasprotno pričevanje« med domnevnimi Kristusovimi privrženci zagotovo vsaj deloma tiči v nesvetopisemskem pridiganju o spreobrnitvi.

Spreobrnitev, o kateri pričajo sadovi

Seveda ni treba, da je spreobrnitev čustveno silovito izkustvo; če gre za resnično spreobrnitev v svetopisemskem smislu, mora to dokazovati njen sad. Razumevanje svetopisemskega pojmovanja spreobrnitve je ena od značilnosti zdrave cerkve.

Vprašanja za razmislek

1. Preberite Apostolska dela 11,18. Kaj nas ta odlomek uči o najvišjem izvoru spreobrnjenja? Ali je spreobrnjenje v zadnji instanci rezultat človekove enostranske odločitve, da se bo obrnil k Bogu, ali rezultat Božjega obnovitvenega dela v človekovem srcu?

2. Preberite Prvo Mojzesovo knjigo 6,5 in Pismo Rimljanom 8,7. Opišite stanje človekovega srca pod oblastjo greha. Kako Sveto pismo predstavlja človekovo sposobnost, da ugodi Bogu ali da se sam odloči, da se bo obrnil k njemu?

3. Preberite Pismo Efežanom 2,1–10. Bog ob spreobrnitvi v našem srcu povzroči veliko spremembo. Kako je v

Devet značilnosti zdrave cerkve

odlomku opisana ta sprememba? Je to kaj, kar bi lahko človek sam trudoma vzbudil v sebi?

4. Po nedavnih raziskavah je delež razvez pri Američanih, ki se izrekajo za evangelijske kristjane, višji od ameriškega povprečja. Kaj bi bil lahko eden od razlogov za to? Kateri so po Svetem pismu nekateri od dokazov ali »sadov« obnovitvenega dela Božjega Duha v človekovem življenju?

5. Prejšnja stoletja so verujoče običajno krščevali na začetku odraslosti (tj. med 17. in 20. letom). Kaj bi bil lahko razlog za padec starostne meje ob krstu pri ameriških baptističnih kristjanih, opazen v zadnjem stoletju? Zakaj je to pomembno?

5
SVETOPISEMSKO RAZUMEVANJE EVANGELIZACIJE

I. Posledice zapostavljanja

II. Evangelizacija, utemeljena v razumevanju spreobrnitve

III. Definicija evangelizacije

IV. Bog je tisti, ki ljudi spreobrača

V. Kadar članstvo prekaša obiskovanje cerkve

VI. Tri resnice, ki jih je treba povedati

VII. Viri

Posledice za-
postavljanja

Naj povzamem: razmislili smo o nekaterih značilnostih, po katerih se odlikuje zdrava cerkev: ekspozicijsko pridiganje, biblična teologija ter biblično razumevanje evangelija in spreobrnitve. Eden od načinov ugotavljanja, kako pomembne so te odlike, je presoja posledic, ki jih ima za skupnost izguba teh odlik. Pridige kaj hitro postanejo obrabljene ponovitve že znanih resnic. Zgodi se lahko, da krščanstva ni več mogoče razlikovati od posvetne kulture, ki ga obdaja. Evangelij razvodeni v komaj kaj več kot duhovno samopomoč. Spreobrnitev se lahko izrodi iz Božjega dejanja v zgolj človeško odločitev. Toda takšne skupnosti – s površinskim pridiganjem, posvetnim mišljenjem in samozaverovanim evangelijem, ki vodi v komaj kaj več kot le enkratno izjavo o priznanju Kristusa (pogosto zaradi napačne aplikacije Pisma Rimljanom 10,9) – ne morejo biti dobre glasnice osupljive novice o odrešenju v Kristusu.

Za vse člane cerkve, predvsem pa za voditelje, ki imajo privilegij in odgovornost poučevanja, je svetopisemsko razumevanje evangelizacije ključnega pomena. Kako kdo pove evangelij, je seveda tesno povezano s tem, kako evangelij razume. Če se je vaše razumevanje Boga in evangelija, človekove potrebe in spreobrnitve izoblikovalo pod vplivom Svetega pisma, bo temu naravno sledilo pravo razumevanje evangelizacije. Bolj bi se morali ukvarjati s tem, da poznamo in učimo sam evangelij, kot pa da poskušamo ljudi naučiti le metod in strategij za sporočanje evangelija.

Evangelizacija, utemeljena v razumevanju spreobrnitve

Po Svetem pismu je evangelizacija neomejeno oznanjevanje dobre novice hkrati z zaupanjem, da bo Bog ljudi spreobrnil (gl. Apd 16,14). »Pri GOSPODU je rešitev!« (Jona 2,10b; prim. Jn 1,12–13) Če kakor koli poskušamo izsiliti nova rojstva, ne bo to nič bolj učinkovito, kot če bi Ezekiel sam poskušal suhe kosti staknili med seboj ali če bi Nikodemus poskušal samega sebe na novo roditi. In tudi rezultat bo podoben.

Definicija evangelizacije

Če spreobrnitev razumemo kot le enkratno dejanje iskrene zaveze, moramo na vse možne načine vsakogar pripraviti do tega dejanja besednega priznanja in zaveze. Sveto pismo pa pravi, da se sicer moramo truditi, se zavzemati, druge prepričevati – da pa je naša prva dolžnost zvestoba obvezi, ki jo imamo od Boga: oznanjevati prav to dobro novico, ki nam jo je dal on. Bog bo privedel do spreobrnitev na podlagi našega oznanjevanja te dobre novice (gl. Jn 1,13; Apd 18,9–10).

Bog je tisti, ki ljudi spreobrača

Razveseljivo je, kako je pri novih kristjanih pogosto videti, da se naravno zavedajo milostne narave svojega odrešenja. Verjetno ste slišali pričevanja – morda celo zadnje tedne

Devet značilnosti zdrave cerkve

ali mesece – ki vas spominjajo na to, da je spreobrnitev delo Boga. »Z milostjo ste namreč odrešeni po veri, in to ni iz vas, ampak je Božji dar. Niste odrešeni iz del, da se ne bi kdo hvalil.« (Ef 2,8–9)

> Kadar članstvo prekaša obiskovanje cerkve

Če je število članov cerkve občutno večje od števila obiskovalcev, se je treba vprašati: Ali ta cerkev spreobrnitev res razume v svetopisemskem smislu? Poleg tega se moramo vprašati, kakšne vrste evangelizacijo izvajamo, da ima za posledico tolikšno število ljudi, ki niso vpleteni v življenje cerkve, ki pa imajo hkrati svojo formalno včlanjenost za pokazatelj lastne odrešitve. Ali cerkev proti temu kakor koli ugovarja ali je videti, da z molkom takšno situacijo dopušča? Svetopisemska cerkvena disciplina je del cerkvene evangelizacije.

> Tri resnice, ki jih je treba povedati

Pri lastnem evangeliziranju želim ljudem povedati tri stvari v zvezi z odločitvijo za evangelij, ki jo morajo sprejeti:

- prvič, odločitev je draga (in je zato treba o njej temeljito premisliti; gl. Lk 9,62);
- drugič, odločitev je nujna (in jo je zato treba sprejeti; gl. Jn 3,18.36);
- tretjič, odločitev se splača (in bi jo bilo zato smiselno sprejeti; gl. Jn 10,10).

To je ravnotežje, po katerem moramo stremeti pri evangelizaciji v družini in med prijatelji. To je ravnotežje, po katerem moramo pri evangelizaciji stremeti kot cerkev.

> Viri

Na voljo je nekaj odličnih tiskanih virov o evangelizaciji. Za razmislek o tesni povezavi med našim razumevanjem evangelija in evangelizacijskimi metodami, ki jih uporabljamo, priporočam deli: Will Metzger, *Tell the Truth* (Inter-Varsity Press), ter Iain Murray, *The Invitation System* in *Revival and Revivalism* (Banner of Truth Trust).

Še ena značilnost zdrave cerkve je torej svetopisemsko razumevanje in praksa evangelizacije. Edina resnična rast je tista, ki pride od Gospoda.

VPRAŠANJA ZA RAZMISLEK

1. Pisec opredeli evangelizacijo kot »neomejeno oznanjevanje dobre novice hkrati z zaupanjem, da bo Bog ljudi spreobrnil«. Kako na naše evangeliziranje vpliva razumevanje, da je Bog tisti, ki opravi delo spreobrnitve? Kaj se lahko zgodi z našim evangeliziranjem, če sami sebe prepričamo, da mora o svoji spreobrnitvi navsezadnje odločiti človek sam?

2. Je število članov vaše cerkve dosti večje od števila obiskovalcev? Če da, kaj so po vašem razlogi za to? Ali vaša cerkev pri evangeliziranju evangelij predstavlja uravnoteženo in zdravo? Kaj bi lahko storili za izboljšanje tega ravnotežja?

3. Kaj avtor misli z besedami, da je odločitev za Kristusa »draga«? Kaj misli s tem, da je ta odločitev »nujna«? Kaj misli s tem, da se odločitev »splača«? Navedite nekaj svetopisemskih resnic, ki učijo ta tri dejstva.

6
SVETOPISEMSKO RAZUMEVANJE CERKVENEGA ČLANSTVA

I. Članstvo z vidika Svetega pisma

II. Članstvo je zavezanost

III. Velika vrzel med članstvom in aktivno udeležbo

IV. Članstvo je odgovornost

V. Članstvo je skupnostno pričevanje o odrešenju

VI. Resno članstvo

Članstvo z vidika Svetega pisma

To, čemur danes pravimo »članstvo v cerkvi«, v nekem smislu ni svetopisemski pojem. Nimamo poročil o tem, da bi se kristjani v Jeruzalemu prvega stoletja odločali za udeležbo v enem od zborov kristjanov raje kot v katerem drugem od njih. Iz zapisanega lahko sklepamo, da ni bilo poljubnega izbiranja med cerkvami, ker je bila v skupnosti samo ena cerkev. Tako v Novi zavezi tudi ni znan noben seznam članov cerkva. Obstajajo pa v Novi zavezi seznami vrst ljudi, povezanih s cerkvijo. To so bodisi vdove, ki jih je cerkev podpirala (1 Tim 5), bodisi imena v Jagnjetovi knjigi življenja (Flp 4,3; Raz 21,27). V Novi zavezi so tudi odlomki, ki posredno opredeljujejo in jasno omejujejo članstvo v cerkvi. Cerkve so izrecno ločevale med člani in nečlani. Iz Pavlovih pisem korintski cerkvi razberemo, da naj bi veljalo nekatere posameznike izključiti (npr. 1 Kor 5) in nekatere

Devet značilnosti zdrave cerkve

vključiti (npr. 2 Kor 2). V tem drugem primeru Pavel celo omenja »večino« ljudi (2 Kor 2,6), ki posamezniku »naloži ukor« izključitve iz cerkve. Ta »večina« lahko pomeni samo večino skupine ljudi, ki so bili prepoznani kot člani cerkve.

Praksa cerkvenega članstva med kristjani se je razvila kot prizadevanje, da bi se drug drugega oklenili v odgovornosti in ljubezni. Ko se poistovetimo s konkretno cerkvijo, damo pastorjem, starešinam in drugim članom te lokalne cerkve vedeti, da se zavezujemo obiskovanju cerkve, dajanju, molitvi in služenju. S tem okrepimo pričakovanja drugih do nas na teh področjih in oznanimo, da je ta lokalna cerkev odgovorna za nas. Cerkvi zagotovimo, da smo zavezani Kristusu v služenju skupaj z njo, ter jo pozivamo, da se zaveže služiti nam v ljubezni in nas spodbujati v našem učenčevstvu.

<small>Članstvo je zavezanost</small>

V tem smislu je cerkveno članstvo svetopisemski pojem. Med drugim izhaja tudi iz Pavlove uporabe prispodob telesa in delov telesa, ko govori o lokalni cerkvi. Izhaja iz tega, da nas je Kristus rešil po milosti in nas umestil v cerkve, da bi mu služili v ljubezni, kot služimo drugim. Izhaja iz naših vzajemnih obvez, kot so opisane v svetopisemskih odlomkih, ki vključujejo besede »skupaj« in »drug drugega/drugemu«. Vse te obveze so zajete v zavezi zdrave cerkve (gl. dodatek).

Ne bi nas smelo presenetiti, da boljša uskladitev našega razumevanja evangelizacije, spreobrnitve in evangelija s Svetim pismom vpliva na naše dojemanje cerkvenega članstva. Na članstvo ne gledamo več kot na ohlapno povezanost, ki je uporabna le občasno, temveč nam pomeni redno odgovornost, po kateri postanemo vpleteni v življenje drug drugega za namene evangelija.

Ni nenavadno, če med cerkvenim članstvom in številom aktivno udeleženih zeva velika vrzel. Predstavljajte si cerkev s 3.000 člani, od katerih jih le 600 redno obiskuje bogoslužja. Bojim se, da bi danes marsikaterega evangelijskega pastorja bolj navdajal ponos na formalno članstvo kot

<small>Velika vrzel med članstvom in aktivno udeležbo</small>

Devet značilnosti zdrave cerkve

zaskrbljenost zaradi neobiskovanja cerkve. Po izsledkih ene od nedavnih raziskav Južne baptistične konvencije je v južnih baptističnih cerkvah to običajno. Značilna cerkev Južne baptistične konvencije ima 233 članov, pri nedeljskem jutranjem bogoslužju pa jih je prisotnih 70. Se pri dajanju odrežemo kaj bolje? Le katera skupnost ima proračun, ki je enak desetini skupnih letnih prihodkov članov (kaj šele večji od tega)?

Članstvo je odgovornost

Mar to ne pomeni – razen kadar je obiskovanje cerkve oteženo zaradi fizičnih omejitev, darovanje pa zaradi finančnih bremen – da je članstvo predstavljeno kot nekaj, kar ne vključuje nujno aktivnega sodelovanja? Kaj pa potem takšna številčnost članov pomeni? Zapisane številke so lahko maliki, podobno kot izrezljani kipci – mogoče še lažje. Toda Bog je tisti, ki bo ocenjeval naše življenje in tehtal naše delo – po mojem raje kot pregledoval naše številke. Če je cerkev zgradba, moramo biti zidaki v tej zgradbi; če je cerkev telo, moramo biti njegovi udje; če je cerkev hiša vere, naj bi bili mi prebivalci te hiše. Ovce so v čredi in veje so na trti. Gledano svetopisemsko: če je človek kristjan, mora biti član cerkve. Tudi če za hip ob strani pustimo konkretne podrobnosti – ali je kartoteka članov shranjena v obliki zbirke kartončkov ali na računalniškem trdem disku – ne smemo zapuščati svojega rednega zbora (Heb 10,25). To članstvo ni samo dokumentirana izjava, ki smo jo dali nekoč, ali naklonjenost znani zgradbi, ampak mora biti odraz žive zavezanosti – ali pa je ničvredno; še huje od tega: nevarno.

Članstvo je skupnostno pričevanje o odrešenju

Nesodelujoči člani begajo prave člane in tudi nekristjane v zvezi s tem, kaj pomeni biti kristjan. »Aktivni« člani tem prostovoljno »neaktivnim« članom ne delajo nikakršne usluge, ko jim dopuščajo, da še naprej ostajajo člani; članstvo je namreč skupnostna podpora cerkve posamezniku pri njegovem odrešenju. Tudi to mora biti povsem jasno: članstvo v cerkvi je skupnostno pričevanje te cerkve o odrešenju

Devet značilnosti zdrave cerkve

posameznika. Toda kako lahko skupnost iskreno pričuje, da neviden človek zvesto teče na tekmi? Če so nas člani zapustili in se niso pridružili nobeni drugi evangelijski, svetopisemski cerkvi, kako lahko sploh dokažemo, da so bili kdaj del naše cerkve? Ni sicer nujno, da vemo, da takšni neaktivni ljudje niso kristjani; pač pa ne moremo zagotoviti, da so. Ne moremo jim reči, da vemo, da bodo šli v pekel; ne moremo pa jim reči niti, da vemo, da bodo šli v nebesa.

Če želi cerkev uresničevati svetopisemsko članstvo, ni potrebna popolnost, temveč iskrenost. To ne zahteva golih odločitev, temveč pravo učenčevstvo. Ne tvorijo ga le posamična izkustva, temveč skupnostne potrditve tistih, ki so v zavezi z Bogom in drug z drugim. Sam upam, da bo število članov cerkve, v kateri delujem, postalo pomembnejše, s tem ko bodo vsi formalni člani ravnali, služili in se vedli kot dejanski člani. Za mnoge to pomeni, da njihovo ime izbrišemo s svojih seznamov (ne pa tudi iz svojih src). Za druge to pomeni obnovitev zavezanosti življenju naše cerkve. Nove člane poučujemo o veri in življenju naše cerkve. Številni med že obstoječimi člani so potrebni podobnih napotkov in spodbude. Ko poskušamo postati takšna zdrava baptistična cerkev, kakršna smo bili nekoč, je število naših obiskovalcev znova preseglo število članov. To naj bo tudi vaša želja za vašo cerkev.

Resno članstvo

Oživljena praksa pazljivega včlanjevanja bo imela številne koristi. Naše pričevanje nekristjanom bo postalo jasnejše. Manjša bo verjetnost, da šibkejše ovce odtavajo od črede in se pri tem še vedno imajo za ovce. Učenčevstvo zrelejših kristjanov se bo lažje izoblikovalo in osredotočilo. Cerkveni voditelji bodo lahko natančno vedeli, za koga so odgovorni. Vse to bo v slavo Bogu.

Molite, da bi cerkveno članstvo pomenilo več kot to, kar pomeni trenutno, tako da bi lahko bolje spoznali tiste, za katere smo odgovorni, ter bi lahko zanje molili, jih spodbujali in jim ponujali izzive. Ljudem ne smemo dovoliti, da bi ostajali člani naših cerkva zgolj iz čustvenih razlogov. V svetopisemskem smislu takšno članstvo sploh ni članstvo. V zavezi naše cerkve se tudi zaobljubljamo, da »se bomo, če se bomo preselili iz tega kraja, čim prej pridružili drugi cerkvi, kjer bomo lahko uresničevali duha te zaveze in načela Božje besede«. Ta zavezanost je del zdravega učenčevstva, še posebej v naši prehodni dobi.

Cerkveno članstvo pomeni, da je človek praktično vključen v Kristusovo telo. Pomeni, da skupaj, kot tujci in priseljenci, potujemo po tem svetu, namenjeni proti svojemu nebeškemu domovanju. Še ena od značilnosti zdrave cerkve je zagotovo svetopisemsko razumevanje cerkvenega članstva.

Vprašanja za razmislek

1. Ali Sveto pismo izrecno omenja sezname članov v lokalni cerkvi? Kje je to omenjeno posredno? Preberite Prvo pismo Korinčanom 12,14–26. Kako nam lahko cerkveno članstvo kot kristjanom pomaga, da uresničujemo te vzajemne obveze, ki jih imamo kot Kristusovo telo?

2. Avtor piše: »Na članstvo ne gledamo več kot na ohlapno povezanost, ki je uporabna le občasno, temveč nam pomeni redno odgovornost, po kateri postanemo vpleteni v življenje drug drugega za namene evangelija.« Kako v luči te trditve večina vaših članov gleda na svoje članstvo? Katere so odgovornosti člana cerkve? Kako lahko izpolnjevanje teh odgovornosti prispeva k delu evangelija?

3. Pisec je prepričan, da mora biti cerkveno članstvo odraz žive zavezanosti Kristusu – ali pa je ničvredno in celo nevarno. Zakaj bi to utegnilo držati? Kako je videti živa zavezanost Kristusu in njegovi Cerkvi?

4. Avtor piše, da je cerkveno članstvo skupnostno pričevanje cerkve o odrešenju posameznika. Preberite Pismo Hebrejcem 13,17. Sveto pismo uči, da bodo cerkveni voditelji »dajali odgovor« za vse, nad katerimi bdijo. Ali mislite, da bo »odgovor« preprosto izjava, da se je ta in ta človek nekoč odločil za Kristusa – ali pa bo to poučeno pričevanje, da ta in ta človek zvesto obraja sad v evangeliju? Kako to vpliva na vaše razumevanje vprašanja, kdo mora biti naveden na seznamih članstva?

5. Pisec navaja več koristi pazljivega varovanja seznamov cerkvenih članov. Kako bi lahko svetopisemsko razumevanje cerkvenega članstva pripomoglo k našemu jasnejšemu pričevanju nekristjanom? Kako bi se zaradi tega zmanjšala verjetnost, da bi šibkejši kristjani odtavali, a bi se pri tem še vedno imeli za kristjane? Kako bi to pripomoglo, da bi se učenčevstvo zrelejših kristjanov lažje izoblikovalo in osredotočilo?

7
SVETOPISEMSKA CERKVENA DISCIPLINA

I. Bog zahteva svetost

II. Sojenje

III. Bog pričakuje, da bo cerkev sodila

IV. Zaprite glavna vrata, odprite zadnja vrata

V. Sprejemanje novih članov

VI. Odgovorno izvajanje discipline

VII. Pet razlogov za korektivno disciplino

Sedma značilnost zdrave cerkve je redno izvajanje cerkvene discipline. Svetopisemsko izvajanje cerkvene discipline osmišlja pojem članstva cerkve. Cerkve izvajajo disciplino že od Kristusovih časov, zadnjih nekaj generacij pa v rednem evangelijskem cerkvenem življenju ta praksa pojema.

Ljudje smo bili prvotno zasnovani, da bi bili podobni Bogu in bi Božjemu stvarstvu pričali o Božjem značaju (1 Mz 1,27). Ni torej presenetljivo, da je Bog, ko je naredil ljudstvo zase, ves čas Stare zaveze te ljudi poučeval v svetosti, da bi se njihov značaj bolj približal njegovemu (tako 3 Mz 19,2; Prg 24,1.25). To je bila v Stari zavezi podlaga za popravljanje posameznikov in celo izključevanje nekaterih iz skupnosti (kot npr. v 4 Mz 15,30–31) ter je tudi podla-

Bog zahteva svetost

Devet značilnosti zdrave cerkve

ga za oblikovanje novozavezne cerkve (gl. 2 Kor 6,14–7,1; 13,2; 1 Tim 6,3–5; 2 Tim 3,1–5).

A sama ideja sojenja se zdi današnjim ljudem zelo negativna. Mar ni navsezadnje naš Gospod Jezus v Evangeliju po Mateju 7,1 prepovedal, da bi sodili? Vsekakor je Jezus v Evangeliju po Mateju v nekem smislu prepovedal, da bi sodili; a v istem Evangeliju nas Jezus tudi jasno poziva, naj druge zaradi greha grajamo, in to celo javno (Mt 18,15–17; prim. Lk 17,3). Kar koli že je torej Jezus mislil s prepovedjo sojenja v Evangeliju po Mateju 7,1, pa nikakor ni nameraval izključiti prav vsega, kar pomeni beseda »soditi«.

Bog sam je sodnik. Bil je v edenskem vrtu in mi ostajamo pod njegovo sodbo, dokler ostajamo v svojih grehih. V Stari zavezi je Bog sodil narodom in tudi posameznikom; v Novi zavezi smo kristjani opozorjeni, da bodo naša dela sojena (gl. 1 Kor 3). Bog v ljubezni vzgaja svoje otroke in v jezi bo obsodil brezbožne (gl. Heb 12). Seveda se bo zadnjega dne Bog razodel kot najvišji Sodnik (gl. Raz 20). Pri vsem tem sojenju se Bog nikoli ne moti; vedno je pravičen (gl. Joz 7; Mt 23; Lk 2; Apd 5; Rim 9).

Danes je marsikdo presenečen ob dejstvu, da je Božji namen, da sodijo tudi drugi. Državi je dana odgovornost, da sodi (gl. Rim 13). Bog nam naroča, da moramo presojati sami sebe (gl. 1 Kor 11,28; Heb 4; 2 Pt 1,5–9). Rečeno nam je tudi, da moramo presojati drug drugega v cerkvi (čeprav ne tako, kot bo dokončno sodil Bog). Iz Jezusovih besed v Evangeliju po Mateju 18, Pavlovih besed v Prvem pismu Korinčanom 5–6 in številnih drugih odlomkov lahko jasno razberemo, da mora cerkev soditi znotraj sebe in da je to sodba v odkupitvene, ne maščevalne namene (Rim 12,19). V primeru prešuštniškega moža v Korintu in lažnih učiteljev v Efezu je Pavel dejal, da jih je treba izključiti iz cerkve in izročiti satanu, tako da se bodo naučili, kaj je prav, in bodo lahko njihove duše rešene (gl. 1 Kor 5; 1 Tim 1).

Sojenje

Bog pričakuje, da bo Cerkev sodila

Devet značilnosti zdrave cerkve

Ni torej presenetljivo, da potrebujemo napotke o tem, kako soditi. Saj če ne znamo povedati, kako kristjan ne sme živeti, le kako naj bi znali povedati, kako mora živeti? Ena od stvari, ki mi pri učenčevskih programih številnih cerkva vzbuja skrb, je to, da vse skupaj spominja na nalivanje vode v preluknjano vedro – vso pozornost namreč posvečajo temu, kar nalivajo noter, ne da bi se ubadali s tem, kako je to sprejeto in kako se bo obdržalo.

Zaprite glavna vrata, odprite zadnja vrata

Eden od avtorjev, ki se ukvarjajo s tematiko rasti cerkva, je pred časom povzel svoj nasvet za pomoč cerkvam pri rasti: »Odprite glavna vrata in zaprite zadnja vrata.« Hotel je reči, da si moramo prizadevati za čim večjo dostopnost cerkve ljudem in izboljšati spremljanje novih članov pri nadaljnjem razvoju. Oba cilja sta dobra. A večina pastorjev danes že stremi po tem, da bi imeli cerkve z odprtimi glavnimi vrati in zaprtimi zadnjimi vrati. Če pa namesto tega poskušamo posnemati svetopisemski model, bi morali dospeti do takšne strategije: »Zaprite glavna vrata in odprite zadnja vrata.« Z drugimi besedami, naredite, da bo po eni strani pridružitev cerkvi težja, po drugi strani pa izključitev lažja. Takšni ukrepi bodo pripomogli, da bo cerkev znova vzpostavila svojo privlačno drugačnost od sveta, kakršno je načrtoval Bog.

Sprejemanje novih članov

Disciplina se mora odražati najprej v tem, kako kot cerkev sprejemamo nove člane. Ali od potencialnih članov pričakujemo, da s svojim načinom življenja dajejo čast Kristusu? Ali razumemo, kako resno se jim moramo zavezati in kako resno naj bi se oni zavezali nam? Če smo pozornejši pri prepoznavanju potencialnih članov in sprejemanju novih članov, je manj verjetno, da bi bila kdaj pozneje potrebna praktična korektivna disciplina s strani cerkve.

Odgovorno izvajanje discipline

Seveda je katero koli cerkveno disciplino mogoče izvajati slabo. Nova zaveza nas uči, da drugih ne smemo soditi na podlagi motivov, ki jim jih pripisujemo (gl. Mt 7,1), in

Devet značilnosti zdrave cerkve

da ne smemo drug drugega soditi zaradi nebistvenih stvari (tako Rim 14–15). To je povezano s številnimi težavami v pastoralni praksi; a zavedati se moramo, da je vse krščansko življenje težko in dovzetno za zlorabe. Naše težave ne smejo biti izgovor, da ne bi sodili in disciplinirali. Vsaka lokalna cerkev je odgovorna za presojanje življenja in poučevanja svojih voditeljev in celo članov, še posebej ker lahko oboje, način življenja in poučevanje, vrže slabo luč na pričevanje cerkve o evangeliju (gl. Apd 17; 1 Kor 5; 1 Tim 3; Jak 3,1; 2 Pt 3; 2 Jn).

Svetopisemska cerkvena disciplina je preprosta poslušnost Bogu in preprosto priznanje, da potrebujemo pomoč. Tu je pet pozitivnih razlogov za takšno korektivno cerkveno disciplino. Njen namen je pozitiven 1) za posameznika, ki ga discipliniramo, 2) za druge kristjane, ko vidijo nevarnost greha, 3) za zdravje cerkve kot celote in 4) za skupnostno pričevanje cerkve. Predvsem pa mora 5) naša svetost odražati svetost Boga. Članstvo v cerkvi mora imeti poseben pomen – ne zaradi našega ponosa, temveč zaradi Božjega imena. Svetopisemska cerkvena disciplina je še ena značilnost zdrave cerkve.

Pet razlogov za korektivno disciplino

VPRAŠANJA ZA RAZMISLEK

1. Preberite Evangelij po Janezu 5,27–30. Komu je dal Oče oblast, da sodi? Preberite zdaj Evangelij po Mateju 18,15–17. Komu je Jezus dal oblast, da sodi na tem svetu? Ali cerkev zvesto izvaja odgovornost, ki nam jo je dodelil naš Gospod?

2. Preberite Prvo pismo Korinčanom 5,1–2. Kaj Pavel pravi o tem, kako bi morala korintska cerkev ukrepati proti svojemu grešnemu članu? Preberite zdaj vrstice 3–5. Po čigavi oblasti (in v čigavem imenu) mora cerkev ukrepa-

Devet značilnosti zdrave cerkve

ti? Kaj, upamo, bo končni rezultat takšnega ukrepa? Ali je imel po vašem mnenju Pavel s cerkveno disciplino v mislih trdosrčno, kruto ukrepanje ali ljubeče ukrepanje, ki bo v korist človekovi duši?

3. Nekdo je dejal, da bi morali kristjani »odpreti glavna vrata in zapreti zadnja vrata«. Kaj ta izjava pomeni? Pisec pričujoče knjige pa pravi: »Zaprite glavna vrata in odprite zadnja vrata.« Katero od obojega je po vašem mnenju bolj utemeljeno v Svetem pismu? Katero od obojega po vašem bolje vodi do zdravega cerkvenega članstva?

4. Preberite Pismo Rimljanom 14,1–4. Kako je lahko cerkvena disciplina dovzetna za zlorabo? Navedite nekaj primerov. Vzemite si nekaj časa za razmislek o tem, kako bi lahko vaša cerkev zvesto in pozorno izpolnjevala Gospodovo naročilo, opisano v Evangeliju po Mateju 18,15–17, in se hkrati varovala zlorab.

8
SKRB ZA POSPEŠEVANJE KRŠČANSKEGA UČENČEVSTVA IN RASTI

I. Krščanska rast

II. Svetost kaže na rast

III. Zanemarjanje discipline ovira rast

IV. Skupnost, ki skupaj raste

V. Zunanja podoba rasti

VI. Bog je poveličan v rasti

Še en razpoznavni znak zdrave cerkve je vseprežemajoča skrb za rast cerkve, in to ne le za številčno rast, temveč tudi za duhovno rast članov. Danes nekateri mislijo, da je lahko človek vse življenje »kristjan dojenček«. Menijo, da je rast neobvezen dodatek za posebno gorečne učence. Toda rast je znak življenja. Rastoča drevesa so živa drevesa in rastoče živali so žive živali. Rast je povezana z večanjem in napredovanjem. Na številnih področjih našega izkustva prenehanje rasti pomeni smrt.

Krščanska rast

Pavel je upal, da bodo Korinčani rastli v krščanski veri (2 Kor 10,15). O Efežanih je upal, da bodo »v vsem rastli vanj, ki je glava, Kristus« (Ef 4,15; prim. Kol 1,10; 2 Tes 1,3). Peter je nekatere prve kristjane opominjal: »Kot pravkar rojeni otroci zakoprnite po pristnem duhovnem mleku, da boste z njegovo pomočjo rastli v odrešenje.« (1 Pt 2,2)

Devet značilnosti zdrave cerkve

Pastorji lahko pridejo v skušnjavo, da na svojo cerkev gledajo kot na obvladljivo statistiko obiskovanja, krstov, darovanja in članstva – rast je namreč tu otipljiv pojem; toda takšna statistika ne odraža resnične rasti, o kateri piše Pavel in ki jo želi Bog.

Svetost kaže na rast

Ameriški teolog Jonathan Edwards (1703–1758) je v svojem delu *Razprava o verskih čustvih (Treatise Concerning Religious Affections)* predstavil prepričanje, da resnična rast v krščanskem učenčevstvu v svojem bistvu ni le gola razčustovanost, več religioznih besed ali boljše poznavanje Svetega pisma. Celo občutno večja radost ali ljubezen ali skrb za cerkev to ni. Celo okrepljena gorečnost in hvaljenje Boga in zaupanje v lastno vero niso nezmotljivi pokazatelji resnične krščanske rasti. In kaj potem je? Edwards pravi, da vse to sicer lahko kaže na resnično krščansko rast – da pa je edini vidni znak takšne rasti večja svetost, zakoreninjena v krščanskem samozanikanju. Cerkev se mora odlikovati po živahni skrbi za tovrstno vse večjo pobožnost v življenju svojih članov.

Zanemarjanje discipline ovira rast

Kot smo videli pri sedmi značilnosti, je ena od nehotenih posledic zanemarjanja primerne discipline vse težje vzgajanje učencev. V nedisciplinirani cerkvi so primeri nejasni in zgledi zmedeni. Noben vrtnar se ne nameni sejat plevela. Plevel je sam po sebi nezaželen in lahko slabo učinkuje na rastline okoli sebe. Božji načrt za lokalno cerkev nam ne dovoljuje, da bi plevel izpustili izpod nadzora.

Skupnost, ki skupaj raste

Dobri vplivi v zavezni skupnosti verujočih so lahko orodje v Božjih rokah za rast njegovega ljudstva. Ko se Božje ljudstvo izgrajuje ter skupaj raste v svetosti in razdajajoči se ljubezni, mora izboljšati svojo sposobnost izvajanja discipline in spodbujanja učenčevstva. Cerkev je obvezana k temu, da Božjemu ljudstvu pripomore k rasti v milosti. Če je namesto tega cerkev kraj, kjer se poučujejo samo pastorjeve ideje; kjer je več dvoma v Boga kot čaščenja Boga; kjer

Devet značilnosti zdrave cerkve

je evangelij razvodenel in evangelizacija sprevržena; kjer je cerkveno članstvo postalo povsem nesmiselno in se dovoljuje rast posvetnega kulta osebnosti okoli pastorja – potem ne moremo pričakovati, da bomo tam našli skupnost, ki povezuje in izgrajuje. Takšna cerkev prav gotovo ne more biti v slavo Bogu.

Bogu v slavo so cerkve, ki rastejo. Ta rast je vidna na več načinov: kot rast števila posameznikov, ki so poklicani in poslani na misijon; kot obnovljen čut starejših članov za odgovornost pri evangelizaciji; kot udeležba številnih mlajših članov skupnosti na pogrebih starejših članov zgolj iz ljubezni do njih; kot okrepljena molitev in želja po več pridiganja; kot cerkvena srečanja, ki jih zaznamuje pristen duhovni pogovor; kot večja radodarnost in večja požrtvovalnost darovalcev; kot večja prizadevnost članov pri oznanjevanju evangelija drugim; kot novo odkrivanje starševske odgovornosti, da otroke vzgajajo v veri. To je le nekaj primerov tiste vrste rasti cerkve, za katero zoreči kristjani molijo in delajo. *(ob strani: Zunanja podoba rasti)*

Ko vidimo cerkev, katere člani rastejo v podobnosti Kristusu, čigava zasluga je to, komu gre čast? »Bog pa je dal rast, tako da ni nič tisti, ki sadi, in nič tisti, ki zaliva, ampak tisti, ki daje rast, Bog.« (1 Kor 3,6b–7; prim. Kol 2,19) Petrov zadnji blagoslov tistim prvim kristjanom, ki jim je pisal, je bila molitev, izražena kot poziv: »Rastite pa v milosti in spoznanju našega Gospoda in Odrešenika Jezusa Kristusa. Njemu slava zdaj in do dneva večnosti! Amen.« (2 Pt 3,18) Pomislili bi lahko, da bo naša rast prinesla slavo nam samim. Peter je vedel, da ni tako. »Lepo živite med pogani, tako da bodo, čeprav vas zdaj obrekujejo kot hudodelce, sprevideli vaša dobra dela in slavili Boga *na dan obiskanja*.« (1 Pt 2,12) Očitno se je spominjal Jezusovih besed: »Takó naj vaša luč sveti pred ljudmi, da bodo videli vaša dobra dela« – in mi tu seveda pomislimo, *(ob strani: Bog je poveličan v rasti)* da bi se lahko zdaj človek ujel v past samoobčudovanja; a Jezus nadaljuje – »in slavili vašega Očeta, ki je v nebesih.« (Mt 5,16) Še ena značilnost zdrave cerkve je trud za pospeševanje krščanskega učenčevstva in rasti.

VPRAŠANJA ZA RAZMISLEK

1. Preberite Prvo Petrovo pismo 2,1–3. Kaj Peter upa v zvezi s temi kristjani? Kaj misli z izrazom »rasti v odrešenje«?

2. Nekateri ljudje mislijo, da »rast cerkve« pomeni samo številčno rast. Preberite Apostolska dela 2,41. Zakaj, menite, je bilo zabeleženo število spreobrnjenih? Zdaj preberite preostanek 2. poglavja. Bi bilo veliko število spreobrnjenih v slavo Bogu, če ne bi hkrati tudi rastli v svetosti? Zakaj da ali zakaj ne?

3. Avtor piše, da lahko plevel slabo učinkuje na okoliške rastline. Kako lahko nedisciplinirani, grešni člani cerkve negativno vplivajo na rast kristjanov okoli sebe? Navedite nekaj primerov. Kako so lahko dobri vplivi v cerkvi orodje v Božjih rokah za rast Božjega ljudstva? Se lahko domislite nekaj primerov iz vaše cerkve?

4. Kako je Bog poveličan po duhovno zoreči cerkvi? Navedite nekaj primerov. Koliko od teh stvari ves čas opažate v življenju vaše cerkve?

9
Svetopisemsko cerkveno vodstvo

I. Svetopisemska funkcija starešine

II. Kratka zgodovina starešinstva

III. Skupnost je najvišja avtoriteta

IV. Vsi starešine so »starešine, zmožni za poučevanje«

V. Pluralnost starešinstva

VI. Posebna vloga pastorja

VII. Prednosti pluralnosti starešinstva

VIII. Zmeda pri razlikovanju med starešinami in diakoni

Kakšne vrste vodstvo ima zdrava cerkev? Skupnost, zavezano Kristusu, z darom služenja? Da. Diakone, ki so zgled služenja v cerkvenih zadevah? Da. Pastorja, ki je zvest pri pridiganju Božje besede? Da. Po Svetem pismu pa je še nekdo, ki je del vodstva zdrave cerkve: starešine.

Svetopisemska funkcija starešine

Kot pastor molim, da bi Kristus v naša občestva umestil može, katerih duhovni darovi in pastoralna skrb kažejo, da jih je Bog poklical za starešine ali škofe (besedi se v Svetem pismu pojavljata izmenično; npr. Apd 20,17.28). Molim, da bi Bog vzgajal in obdaroval takšne učence za delo pastoralnega nadzora nad našo skupnostjo in njenimi nauki. Če

Devet značilnosti zdrave cerkve

postane jasno, da je Bog tako obdaroval določenega moškega v cerkvi, in če cerkev po molitvi prepozna njegove darove, potem naj bo odbran za starešino.

Vse cerkve so imele posameznike, ki so opravljali naloge starešin, tudi če so jih imenovali drugače. Novozavezna naziva za to funkcijo sta *epískopos* (škof) in *presbíteros* (starešina). Ko evangelijski kristjani slišijo besedo starešina, mnogi od njih pomislijo na prezbiterijance; a prvi kongregacionalisti v 16. stoletju so učili, da je starešinstvo funkcija v novozavezni cerkvi. Starešine je bilo najti v baptističnih cerkvah po Ameriki vse 18. stoletje in še v začetku 19. stoletja. Pravzaprav je prvi predsednik Južne baptistične konvencije W. B. Johnson napisal razpravo, v kateri je pozival k prepoznavanju pluralnosti starešinstva kot svetopisemske prakse in k posnemanju te prakse v drugih baptističnih cerkvah. Johnsonov poziv je naletel na gluha ušesa. Bodisi zaradi nepozornosti na Sveto pismo bodisi zaradi pritiskov življenja ob meji, kjer so cerkve vznikale kot gobe po dežju, je praksa oblikovanja tako sestavljenega vodstva upadla. Vendar se je razprava o oživitvi te svetopisemske funkcije nadaljevala v baptističnih časopisih. Šele v začetku 20. stoletja so v baptističnem tisku voditelje imenovali z nazivom »starešina«. K sreči so naši protestantski bratje v Evropi in drugod zvesteje ohranjali svetopisemsko prakso pluralnosti starešinstva v lokalnih cerkvah.

Med baptisti in prezbiterijanci sta dve temeljni razliki, kar zadeva razumevanje starešinstva. Največja in najosnovnejša razlika je v tem, da so baptisti kongregacionalisti. Prepričani so torej, da dokončna presoja o cerkvenih in svetopisemskih zadevah ni v rokah starešin skupnosti (ali širše, tako kot to predvideva prezbiterijanski model), temveč v rokah skupnosti kot celote. Baptisti zato poudarjajo sporazumnost cerkvenega delovanja. V baptistični cerkvi torej starešine ter vsi drugi sveti in odbori skupaj opravljajo svetovalno funkcijo za celo skupnost.

Kratka zgodovina starešinstva

Skupnost je najvišja avtoriteta

Devet značilnosti zdrave cerkve

Omeniti je treba tudi avtoriteto zbrane skupnosti oziroma zbora članov. Nihče drug razen lokalnega zbora članov ni vrhovno sodišče pod Kristusom. V Novi zavezi vedno znova najdemo namige, iz katerih je mogoče sklepati na zgodnjo obliko kongregacionalizma. V Evangeliju po Mateju 18, ko je Jezus učence učil, kako je treba opozoriti grešnega brata, vrhovno sodišče niso starešine, niti škof ali papež, niti svet ali skupščina. Vrhovno sodišče je skupnost. V Apostolskih delih 6 so apostoli odločitev o izboru diakonov prepustili skupnosti.

Tudi v Pavlovih pismih najdemo pokazatelje, ki potrjujejo to domnevo o končni odgovornosti skupnosti. V Prvem pismu Korinčanom 5 Pavel za strpnost do greha ni krivil pastorja, starešin ali diakonov, temveč skupnost. V Drugem pismu Korinčanom 2 je Pavel omenil »ukor«, ki ga je večina naložila zablodelemu članu. V Pismu Galačanom je Pavel skupnosti pozval, naj presodijo nauk, ki so ga slišali. V Drugem pismu Timoteju 4 Pavel ni kritiziral le lažnih učiteljev, ampak tudi tiste, ki so učiteljem plačali, da so učili, kar so njihova željna ušesa hotela slišati. Starešine vodijo, a to počnejo – kot je skladno s Svetim pismom in kot je potrebno – znotraj meja, ki jih začrta skupnost.

Drugo nestrinjanje zadeva vloge in odgovornosti starešin. Prezbiterijanci praviloma poudarjajo Pavlovo izjavo Timoteju v Prvem pismu Timoteju 5,17: »Starešine, ki so dobri predstojniki, naj bodo deležni dvojne časti, posebno tisti, ki si prizadevajo za oznanjevanje besede in za poučevanje.« Trditev po mnenju nekaterih jasno kaže, da so obstajali starešine, katerih glavna naloga ni bila pridiganje ali poučevanje, temveč upravljanje ali vladanje. To je izvor razlikovanja med »vladajočimi starešinami« (laičnimi starešinami) in »poučujočimi starešinami« (pastorji) pri prezbiterijancih.

Baptisti praviloma poudarjajo izmenljivost izrazov »starešina«, »škof« in »pastor« v Novi zavezi ter trdijo, da je Pa-

> Vsi starešine so »starešine, zmožni za poučevanje«

Devet značilnosti zdrave cerkve

vel v Prvem pismu Timoteju 3,2 Timoteju jasno povedal, da mora biti starešina »zmožen za poučevanje«. Titu pa je pisal, da se mora starešina trdno »držati zanesljive besede, ki je v skladu z naukom. Tako bo zmožen z zdravim poukom spodbujati, nasprotnike pa izpodbijati.« (Tit 1,9) Zato baptisti pogosto ugovarjajo praksi imenovanja starešin, ki niso sposobni poučevanja Svetega pisma.

<small>Pluralnost starešinstva</small>

Tisto, o čemer so se baptisti in prezbiterijanci v 18. stoletju pogosto strinjali, pa je bilo načelo pluralnosti starešinstva v vseh lokalnih cerkvah. Nova zaveza sicer nikjer ne predlaga konkretnega števila starešin za določeno skupnost, toda o starešinah v lokalnih cerkvah govori v množini (npr. Apd 14,23; 16,4; 20,17; 21,18; Tit 1,5; Jak 5,14). Na podlagi osebne izkušnje sem prepričan, da je koristno upoštevati novozavezno načelo, po katerem lokalno cerkev po možnosti vodi več starešin, ne le osamljen pastor; starešine naj bodo posamezniki, ki so v tej skupnosti ukoreninjeni. Ta praksa je v današnjih baptističnih cerkvah nenavadna, vendar se čedalje bolj uveljavlja – in to upravičeno. Če je bila namreč potrebna v novozaveznih cerkvah, je potrebna tudi danes.

<small>Posebna vloga pastorja</small>

To ne pomeni, da pastor nima posebne vloge. V Novi zavezi je več omemb pridiganja in pridigarjev, ki se ne nanašajo na vse starešine v kongregaciji. Tako se je Pavel v Korintu posvetil izključno takšnemu pridiganju, kakršnega laični starešine v cerkvi niso zmogli (Apd 18,5; prim. 1 Kor 9,14; 1 Tim 4,13; 5,17). Kot je videti, so pridigarji nekam potovali izrecno zato, da bi tam pridigali (Rim 10,14–15), starešine pa so bili, kot je videti, že del skupnosti (Tit 1,5). (Več o tem razlikovanju preberite v: *A Display of God's Glory*, CCR: 2001).

<small>Prednosti pluralnosti starešinstva</small>

Vendar ne pozabimo, da je tudi pridigar ali pastor eden od starešin svoje skupnosti. To pomeni, da odločitve v zvezi s cerkvijo, ki ne zahtevajo pozornosti vseh članov, niso samo naloga pastorja, temveč celega starešinstva. To je sicer

Devet značilnosti zdrave cerkve

včasih zapleteno in zamudno, vendar je izjemno koristno, saj starešine zaokrožujejo pastorjeve darove, izravnavajo njegove morebitne primanjkljaje, dopolnjujejo njegovo presojo in so v skupnosti podpora pri odločanju – zaradi česar so pastorji manj izpostavljeni neupravičeni kritiki. Tako je vodstvo tudi bolj zakoreninjeno in dolgoročno, to pa omogoča zrelejšo kontinuiteto. To je tudi spodbuda za cerkev, da prevzema večjo odgovornost za svojo duhovnost in je manj odvisna od svojih zaposlenih.

V mnogih sodobnih cerkvah včasih ne ločujejo dobro med starešinami in bodisi zaposlenimi v cerkvi bodisi diakoni. Tudi diakoni imajo v Novi zavezi svojo funkcijo, in sicer ima ta korenine v Apostolskih delih 6. Popolno razlikovanje med tema funkcijama je sicer težko, a diakoni skrbijo za praktične podrobnosti cerkvenega življenja: administracija, vzdrževanje in skrb za člane cerkve s posebnimi fizičnimi potrebami. Danes so v številnih cerkvah diakoni prevzeli del duhovne vloge; velik delež duhovne vloge in drugih opravil pa je preprosto ostal prepuščen pastorju. Cerkvi bi bilo v prid, če bi začeli vlogo starešine znova razlikovati od vloge diakona.

Zmeda pri razlikovanju med starešinami in diakoni

Starešinstvo je svetopisemski položaj, ki ga imam kot pastor: sem glavni pridigajoči in poučujoči strešina. Vendar morajo vsi starešine sodelovati pri izgrajevanju cerkve, se redno srečevati za molitev in razpravo ter oblikovati priporočila za diakone cerkve. To je očitno svetopisemsko načelo s praktično vrednostjo. Če bi ga izvajali v naših cerkvah, bi bilo to pastorjem v velikansko pomoč, saj bi jim z ramen odvzeli del bremena, cerkve pa bi rešili pastorske »tiranije«. Imenovanje pobožnih, razsodnih, zaupanja vrednih laikov za starešine je torej še ena značilnost zdrave cerkve.

Devet značilnosti zdrave cerkve

VPRAŠANJA ZA RAZMISLEK

1. Preberite Evangelij po Mateju 18,15–17. Koga Jezus šteje za vrhovnega razsodnika pri razsojanju o bratu, ki je ravnal narobe? Preberite zdaj Apostolska dela 6,1–4. Komu apostoli poverijo nalogo izbire sedmih diakonov? Preberite tudi Drugo pismo Korinčanom 2,6. Kdo takemu človeku naloži ukor? Kot je videti, je v odlomkih posredno rečeno, kdo ima zadnjo besedo pri cerkvenih zadevah. Kdo je to?

2. Preberite Pismo Titu 1,5. Glede na to, da ima dokončno avtoriteto v cerkvi zbrana skupnost (zbor članov), zakaj je po vašem mnenju Pavel kljub temu menil, da je modro, če ima vsaka cerkev tudi starešine?

3. V Prvem pismu Timoteju 3,1–6 Pavel našteje lastnosti, ki bi jih moral imeti starešina. Vzemite si nekaj časa za razmislek o tem, zakaj so te značajske poteze pomembne za voditelja cerkve. Kdo v vaši cerkvi ustreza tem merilom?

4. Preberite Apostolska dela 6,1–4. Kaj je razlika med vlogo diakona in vlogo tistega, ki nadzoruje cerkvene zadeve? Ali v vaši cerkvi prepoznavate to razliko pri upravljanju cerkve?

5. Iz Apostolskih del 6 izvemo, da je bila naloga diakonov najrazličnejša dobrotljiva skrb za pomoči potrebne člane, zato da so se cerkveni škofje (apostoli, starešine, pastorji) lažje posvečali molitvi in delu z Božjo besedo. Naštejte nekaj stalnih potreb vaše cerkve, za katere bi lahko skrbel diakon. Katere druge vloge bi lahko prevzeli diakoni, da bi pomagali ohranjati enotnost cerkve ter podpirali pastorje in pridigarje v vaši cerkvi?

Sklep

Če upravičeno domnevamo, da so člani cerkve prerojeni in da so tisti, ki so prerojeni, cerkvi predani, to pomeni, da se lahko novozavezne podobe cerkve živo zrcalijo tudi v naših skupnostih. Bog nas je v svoji dobroti poklical, da skupaj uresničujemo krščansko življenje, s tem ko naša vzajemna ljubezen in skrb odražata ljubezen in skrb Boga. Odnosi v svetu pomenijo predanost; koliko bolj mora torej to veljati za cerkev.

Bog je v tretji zapovedi (2 Mz 20,7; 5 Mz 5,11) svoje ljudstvo posvaril, naj ne izgovarja po nemarnem Božjega imena. Zapoved – ki je daleč od tega, da bi bila samo prepoved bogokletja – je prepovedovala izgovarjanje Božjega imena po nemarnem, brez pravega razloga, brez namena ali z napačnim namenom.

Ta zapoved je namenjena nam v cerkvi. Danes mnoge cerkve bolehajo. Sebično koristoljubje zamenjujemo z duhovno rastjo. Golo razčustvovanost zamenjujemo z resničnim čaščenjem. Sprejetost v svetu cenimo mnogo bolj od načina življenja, s katerim bi si nakopali nasprotovanje sveta. Videti je, da si danes vse manj cerkva – ne glede na svoje statistične kazalce – beli glavo o prav teh svetopisemskih značilnostih, po katerih bi se morala odlikovati vitalna, rastoča cerkev.

Zdravje cerkve bi moralo biti skrb vseh kristjanov, posebej tistih, ki so v cerkvi poklicani za vodenje. Naše cerkve morajo Boga in njegov veličastni evangelij prikazovati Božjemu stvarstvu. Bogu moramo dajati slavo s svojim skupnim življenjem. To breme prikazovanja je naša veličastna odgovornost in naš velikanski privilegij.

Dodatek

Primer značilne zaveze zdrave cerkve

Kot zaupamo, nas je božanska milost privedla do spreobrnjenja in vere v Gospoda Jezusa Kristusa ter do predaje sebe njemu; izpovedali smo vero in bili krščeni v ime Očeta in Sina in Svetega Duha. Zato zdaj v zaupanju v njegovo milostno pomoč slovesno in radostno obnavljamo svojo zavezo drug z drugim.

Delali in molili bomo za edinost Duha z vezjo miru.

Živeli bomo v medsebojni bratski ljubezni, kot pristoji članom krščanske cerkve; ljubeče in pozorno bomo skrbeli drug za drugega ter se po potrebi zvesto opominjali in svarili med seboj.

Ne bomo zapuščali svojega zbora in opuščali molitve zase in za druge.

Stremeli bomo, da bi svoje varovance vselej vzgajali v Gospodovi vzgoji in opominu ter si s čistim, ljubečim zgledom prizadevali za odrešenje svoje družine in prijateljev.

Veselili se bomo sreče drug drugega ter nežno in sočutno drug drugemu nosili bremena in tegobe.

Z Božjo pomočjo se bomo trudili, da bi v svetu živeli previdno, zanikali brezbožnost in posvetna poželenja ter se zavedali, da imamo, ker smo bili prostovoljno pokopani s krstom in obujeni iz simboličnega groba, zdaj posebno dolžnost: da živimo novo, sveto življenje.

Skupaj bomo nadaljevali zvesto evangelijsko delo v tej cerkvi, s tem ko bomo ohranjali čaščenje, obrede, disciplino in doktrine. Radostno in redno bomo darovali za podporo delovanja in za stroške cerkve, za pomoč ubogim ter za širjenje evangelija med vsemi narodi.

Če se bomo preselili iz tega kraja, se bomo čim prej pridružili kateri drugi cerkvi, kjer bomo lahko uresničevali duha te zaveze in načela Božje besede.

Naj bodo z vsemi nami milost Gospoda Jezusa Kristusa, Božja ljubezen in občestvo Duha. Amen.

Iz recenzij

Osupljivo je, da apostol Pavel lokalni zbor kristjanov opisuje kot »Božjo cerkev, ki si jo je bil [Kristus] pridobil s svojo krvjo« (Apd 20,28). To pomeni, da so življenje, zdravje in poslanstvo cerkve še toliko pomembnejši. Cerkev je s krvjo odkupljeno telo ljudi. Ne želim človeških idej; želim Božjo besedo o cerkvi. Z upanjem in zaupanjem se naslanjam na radikalno zavezanost Svetemu pismu, ki jo izpričuje Mark E. Dever. Danes malokdo tako tehtno kot on razmišlja o tem, kaj je tisto, kar lahko cerkvi omogoči svetopisemsko naravnanost in zdravje. Hvaležen sem Bogu za to knjigo in za delovanje organizacije 9Marks.

John Piper
ustanovitelj organizacije Desiring God Ministries;
rektor, Bethlehem College and Seminary

Na voljo je cela poplava knjig, ki govorijo o cerkvi. A ta knjiga je drugačna. V tovrstnem pisanju redko naletimo na zlitost odgovornega svetopisemskega in teološkega razmisleka ter pobožnega, na izkušnjah temelječega prenašanja teorije v prakso. Ena takih knjig je pred vami. Če ste krščanski voditelj, le pazite, kaj držite v rokah: ta knjiga namreč lahko spremeni vaše življenje in krščansko delovanje.

D. A. Carson
raziskovalec in profesor Nove zaveze,
Trinity Evangelical Divinity School

V času, ko cerkve praviloma presojamo glede na bleščečo »fasado«, je ključnega pomena, da znamo oceniti njihovo resnično zdravje. Tudi mrliče pred pogrebom naličijo … Mark Dever predstavlja svetopisemska merila za presojanje duhovnega stanja cerkve – torej ne njene zunanje pojave, ki jo kaže svetu, temveč njeno notranjost pred Bogom. To je temeljno delo, ki ga toplo priporočam.

John MacArthur
pastor, cerkev Grace Community,
Sun Valley (Kalifornija)

Devet značilnosti zdrave cerkve je ena najboljših, najbolj berljivih in koristnih knjig za voditelje, ki želijo cerkev peljati po poti duhovne spremembe. V žarišču knjige ni rast cerkve, temveč njeno zdravje – in to je pravi cilj krščanskega delovanja, v katerega središču je Bog. Pisec v vsakem poglavju navaja svetopisemske razloge in praktične nasvete za pridiganje, evangelizacijo, učenčevstvo in druge vidike cerkvenega življenja. Ta načela in prakse je Dever preizkusil pri lastnem dinamičnem delu v vlogi višjega pastorja uspešne, vitalne skupnosti v urbanem okolju.

Philip Graham Ryken
predsednik, Wheaton College

Postmoderni [Zahod] je preplavljen z duhovnostjo – ne pa tudi s pristnim krščanstvom. Jasen pokazatelj je upad svetopisemske ekleziologije na številnih področjih. Reformacija je vedno usmerjena v cerkev – in moliti moramo, da bi se cerkev v našem času reformirala. Mark Dever v svojem manifestu *Devet značilnosti zdrave cerkve* opisuje, kaj pomeni resnična preobrazba novozavezne cerkve na svetopisemskih temeljih. Pred nami je stran za stranjo tehtne analize in skrbnega razmisleka. Knjiga je obvezno branje za vse zveste pastorje in vse tiste, ki molijo za reformacijo v našem času.

R. Albert Mohler
predsednik, profesor krščanske teologije,
Južni baptistični teološki seminar

Prihodnost svetopisemskega krščanstva v zahodnem svetu je neločljivo povezana s prihodnostjo lokalnih cerkva. Mark Dever to ve; njegovo delo *Devet značilnosti zdrave cerkve* je svetopisemski recept za zvestobo.

J. Ligon Duncan
profesor sistematične in zgodovinske teologije,
Reformirani teološki seminar; višji pastor,
Prva prezbiterijanska cerkev, Jackson (Misisipi)

Devet značilnosti zdrave cerkve je obvezno branje za moje študente eklezioligije. Tudi če sam ne pridem vedno do enakih sklepov kot avtor, sem mnenja, da je knjiga ena od redkih resnih obravnav perečih eklezioloških vprašanj v zadnjem času. Nadvse primerna je tudi za to, da jo pastorji predstavijo v svojih skupnostih.

Paige Patterson
nekdanji predsednik,
Jugozahodni baptistični teološki seminar

Energičen, gorečen poziv skupnostim, naj resno vzamejo svoje odgovornosti – v slavo Bogu in za rešitev izgubljenih duš.

Timothy George
dekan, Beeson Divinity School;
glavni urednik knjižne zbirke
Reformation Commentary on Scripture

Mark Dever skladno z izročilom Martyna Lloyda-Jonesa in Johna Stotta cerkev poziva, naj ponovno odkrije svojo svetopisemsko zapuščino. Morda se cerkev še nikoli v zgodovini ni tako trudila biti relevantna v kulturi tega časa – pri čemer se je ta relevantnost kvečjemu zmanjšala! Številni sodobni cerkveni guruji nas spodbujajo, naj bomo »v svetu«; Mark Dever pa nas opominja, naj bomo v svetu, ne da bi bili pri tem »od sveta«. Zavzeto se ukvarja z vprašanjem, kaj pomeni »biti cerkev«, in temu vprašanju daje prednost pred vprašanji cerkvenega delovanja. Navsezadnje je »biti« vedno pred »delovati« – naše delovanje je namreč vselej zaznamovano s tem, kar smo. Naj bo cerkev cerkev!

O. S. Hawkins
nekdanji pastor,
Prva baptistična cerkev Dallas (Teksas)

Za mladega pastorja, ki se spoprijema z vprašanji, kako sta videti uspeh in zvestoba v življenju cerkve, je knjiga Marka Deverja pravi Božji dar. Pisec naš pogled usmerja onkraj pompa in spektakularnosti številk, statistik in najnovejših metodologij ter nas vodi nazaj na preizkušene poti in k preprosti lepoti Božjega načrta za lokalne cerkve – načrta, ki spreminja življenje.

Joshua Harris
višji pastor,
cerkev Covenant Life, Gaithersburg (Maryland)

Knjige, ki potrjujejo prvenstveno vlogo lokalne cerkve, so redke. Še redkejše so knjige, ki način življenja cerkve utemeljujejo v Svetem pismu, namesto da bi se pri tem zgledovale po kulturnih trendih. A prav takšna je knjiga Marka Deverja, pastorja in teologa, ki je tudi sam zgradil trdno lokalno cerkev v Washingtonu. To je najboljša knjiga, kar sem jih doslej prebral o tej tako pomembni tematiki.

C. J. Mahaney
Sovereign Grace Ministries

9Marks

Izgrajevanje Zdravih Cerkva

JE VAŠA CERKEV ZDRAVA?

Organizacija 9Marks želi cerkvene voditelje usposobiti za svetopisemski pogled na oznanjevanje Božje slave med narodi prek zdravih cerkva ter jih opremiti s praktičnimi orodji za uresničevanje tega cilja.

Zato želimo cerkvam pomagati, da bi rasle na naslednjih devetih področjih, ki bi morala zaznamovati vsako zdravo cerkev, a so pogosto spregledana:

1. Ekspozicijsko pridiganje
2. Biblična teologija
3. Svetopisemsko razumevanje dobre novice
4. Svetopisemsko razumevanje spreobrnitve
5. Svetopisemsko razumevanje evangelizacije
6. Cerkveno članstvo
7. Svetopisemska cerkvena disciplina
8. Svetopisemsko učenčevstvo
9. Svetopisemsko cerkveno vodstvo

V organizaciji 9Marks pišemo članke, knjige, knjižne recenzije in spletni časopis. Prirejamo konference, snemamo intervjuje in pripravljamo druge vire, ki so cerkvam v pomoč pri oznanjevanju Božje slave.

Obiščite našo spletno stran z vsebinami v več kot **30** jezikih in se naročite na naš spletni časopis.
V angleškem jeziku:

9marks.org/about/international-efforts

www.9Marks.org

www.ingramcontent.com/pod-product-compliance
Lightning Source LLC
Chambersburg PA
CBHW052105110526
44591CB00013B/2358